# Die Robe ist über der Kleidung zu tragen

**Rolf Stober**

Neues aus der Welt der Paragraphenreiter

mit Zeichnungen von Philipp Heinisch

nwb VERLAG NEUE WIRTSCHAFTS-BRIEFE · HERNE/BERLIN

ISBN 3-482-**54221**-X

©Verlag Neue Wirtschafts-Briefe GmbH & Co.KG, Herne/Berlin 2004
http://www.nwb.de

Satz: B. Meier, Stockhausen
Druck: medienHaus Plump GmbH, Rheinbreitbach

# Vorwort

Das Büchlein besteht durchweg aus wahren Geschichten, die das Rechtsleben schrieb. Es wendet sich an alle, die schon immer wussten, wie unendlich kompliziert Juristen denken und weshalb das juristische Studium so lange dauert. Gleichzeitig ist das Werk für Bedenkenträger, Nörgler, Besserwisser und Studierende ein Geheimtipp. Denn es ist eine Fundgrube auf der Suche nach dem richtigen Recht und gibt humorvoll Auskunft, wie man schnell zu Geld kommt, Abgaben spart und seine Rechte wahrt. Darüber hinaus ist es ein neuartiges, heiteres juristisches Repetitorium in Crashform (sog. Fast-Law), das zahlreiche moderne prüfungsrelevante Gebiete und Facetten der Jurisprudenz abdeckt. Sven Eisenmenger und Angelika Ohm danke ich für engagierte Mitwirkung bei der Vorbereitung der Publikation.

Zum Schluss noch ein Wort zum Titel: Dieser entstammt nicht der Phantasie des Herausgebers, sondern einem (angeblichen) Merkblatt des Niedersächsischen Justizministerium zur Allgemeinverfügung v. 30.5.1978 – 3152 – 103.1. Sollten wir hier einer Fehlinformation aufgesessen sein, so wäre eine solche Aussage doch durchaus denkbar.

Hamburg, August 2004                                     Prof. Dr. Dr. h. c. mult. Rolf Stober

# Inhaltsübersicht

# § 1 Juristischer Humor gegen verengtes Rechtsdenken

# I. Können Paragraphenreiter heiter sein?

Paragraphenreiterei ist nach Laienauffassung der Lieblingssport der Juristen.

*(S. etwa Ernst Teubner, Satirisches Wörterbuch, 1990, S. 98; Edmund Ballhaus, Die Paragraphenreiter, Haarsträubende Erlebnisse mit dem Amtsschimmel, 2. Aufl. 1998)*

Da aber Juristen bekanntlich zu allem fähig sind, stellt sich sofort die Frage, ob Paragraphenreiter auch heiter sein und Humor haben können. Die Meinungen sind gespalten. Einerseits scheint es in der Jurisprudenz nichts zum Lachen zu geben. So wird behauptet, moderne Gesetze vertrügen kein Humor.

*(Wolfgang Pöggeler, Humor im deutschen Recht, Juristische Arbeitsblätter 1997 S. 977, 979)*

Und Juristen verbreiten eher eine frostige als eine heitere Atmosphäre. Diesen Eindruck vermittelt immerhin der folgende Ausspruch von Walter Hallstein:

„Wenn ein Jurist den Raum betritt, muss die Temperatur um einige Grade fallen."

*(Zitiert nach Michael Kilian, Jurisprudenz zwischen Techno und Kunst, 1987, S. 59)*

Mindestens löst die Begegnung mit einem Juristen bei vielen Menschen nach wie vor eine „gewisse Verstimmung" aus. Der Grund liegt auf der Hand, wie ein Juraprofessor festgestellt hat:

„Das Recht ist nämlich so beschaffen, dass jeder, der sich professionell damit beschäftigt, den Zorn des Publikums mit derselben Notwendigkeit auf sich zieht, wie ein Bäcker weiß oder ein Schornsteinfeger schwarz wird."

*(Johann Braun, Juristische Schulung 1996 S. 287)*

Nicht umsonst kam deshalb der britische Staatsmann und Vizekönig von Indien, Halifax, zu dem Schluss:

„Wenn Gesetze sprechen könnten, würden sie sich zuallererst über die Juristen beschweren."

Und es verwundert deshalb überhaupt nicht, wenn zur Unterstreichung dieser These kürzlich ein Buch mit Zeichnungen aus deutschen Gerichten vorgelegt wurde, das den markanten Titel trägt „Nieder mit den schwarzen Paragrafenhengsten!"

*(Thomas Lang [Hrsg.], Erich Dittmann, Nieder mit den schwarzen Paragrafenhengsten!, mit einer Einführung von Dietmar Preißler, 2002)*

# II. Rechtshumor ist, wenn man trotzdem lacht!

Andererseits kann man nachlesen, es gäbe in der Juristerei viel zu lachen.

*(S. schon Otto Gierke, Der Humor im deutschen Recht, 1871; Heinrich Stader, Kurze Einführung in den Juristenhumor, 1996)*

Insbesondere wird behauptet, Anwaltsschriftsätze, Aufsätze und Lehrbücher enthielten an ungeahnten Stellen lustige Sachen. Manchmal gewollt, manchmal ungewollt.

*(Wolfgang Pöggeler, Juristische Arbeitsblätter 1997 S. 977)*

Diese Auswahl ist allerdings etwas einseitig. Denn Heiterkeit erzeugen vor allem Passagen in Gerichtsentscheidungen und Rechtstexten.

*(S. auch Horst Sendler, Neue Juristische Wochenschrift 1995 S. 847)*

Ein schönes Beispiel für unfreiwilligen Rechtshumor bietet der Hinweis für Hundehalter im Fremdenverkehrsverzeichnis der Gemeinde Binz:

„An die Hundehalter wird appelliert, die zahlreichen aufgestellten Hundetoiletten zu nutzen."

*(Fremdenverkehrsverzeichnis Binz, 1999, S. 47)*

Manche Juristen preisen sogar Humor als Verhandlungstechnik, um emotionale Ballastblockaden zu lösen oder den Weg zu neuen Verhandlungsansätzen frei zu machen.

*(Werbeprospekt für die Kölner Verhandlungstage 1997, 5. und 6.12.1997, Köln unter dem Untertitel „Humor und Provokation beim Verhandeln – Ein Weg aus der Sackgasse")*

Sogar Amtsrichter setzen Humor gegen verengtes Rechtsdenken ein:

„Ich glaube fast, Humor ist das Hauptmittel, den Richter von der Enge zu befreien, die ihn gelegentlich in rechtliche Gedankengänge zwingt. Humor hilft Abstand gewinnen, Humor ist ein Stück Überblick gewinnen, Humor bedeutet ... mal irgendwie einen Streit ein bisschen pointieren, karikieren. Und schon löst das ein bisschen aus der Enge."

*(Ernst Spangenberg, Zeitschrift für Rechtspolitik 2002 S. 320, 322)*

Noch weiter geht ein anderer juristischer Zeitgenosse mit folgendem Zitat:

„Wenn Humor im Recht Ausdruck seiner Volksnähe war, dann kann auf diese Weise möglicherweise die Volksverbundenheit des Rechts wiederhergestellt werden."

*(Horst Sendler, Neue Juristische Wochenschrift 1995 S. 847 f.)*

Diese Ansicht trifft auch auf das Wohlwollen rechtlich versierter Journalisten. Einer von ihnen hat die Humorproblematik zur Ehrenrettung des Juristenstandes in einem erfundenen Urteil gründlich und zutreffend zurechtgerückt.

„Im Namen der Gerechtigkeit verkünden wir folgendes Urteil:

1. Die Klage, Juristen und zumal Justizbeamte seien ein knochentrockener und humorloser Menschenschlag, wird abgewiesen.
2. Diese Entscheidung ergeht kostenfrei.
3. Das Urteil ist streck- und dehnbar."

Tatbestand und Entscheidungsgründe:

Seit die Juristerei (im Folgenden kurz: die Beklagte) existiert, nährt die öffentliche Meinung (im Folgenden: die Klägerin) eine Reihe von Vorurteilen gegen dieselbe. Insbesondere behauptet die Klägerin, die Beklagte vertrete einen weltfremden und zum Fachidiotentum hinneigenden Berufsstand, dem jeglicher Sinn für des Lebens heitere Fülle schon deshalb abgehe, weil er sich beständig hinter Aktenbergen verschanze. Die Beklagte hat solch niederen Verleumdungen zumeist dadurch entgehen können, dass sie sich in höhere Sphären zurückzog und von dort aus milde lächelnd auf die Klägerin herabsah.

Da die Klägerin jedoch trotz allem an ihrer ungünstigen Meinung über die Beklagte festhielt, entschloss sich Letztere zu einem besonders eindringlichen Akt der Klarstellung: Aus Anlass des 150. Geburtstags des Juristen Goethe präsentierte das auflagenstärkste Organ der Beklagten, die Neue Juristische Wochenschrift, eine Fall- und Materialsammlung, die in ihrer Bedeutung weit über die bescheidene Titelzeile „Literatur und Recht" hinausragt. Entgegen den Behauptungen der Klägerin gelang der Beklagten hier der Nachweis, dass die Juristen nicht nur mit nahezu allen Wassern des Lebens gewaschen sind, sondern dass darüber hinaus die wiederholt gerügte Pedanterie deutscher Gerichte lediglich eine besonders raffinierte Tarnung darstellt, hinter der sich eine zuweilen fast bedenkliche Freude am Diesseitigen verbirgt.

Zum Beweis dessen kann sich die Beklagte insbesondere auf die Ausführungen stützen, mit denen das Landgericht Wiesbaden sowie das Oberlandesgericht Frankfurt zum Leidwesen eines deutschen Luftfahrtunternehmens die Erlaubnis für Vertrieb und Verwendung des Aufklebers „Lusthansa" erteilten. Von besonderem Feinsinn, ja nachgerade von Schlitzohrigkeit zeugt dabei die Begründung des Wiesbadener Urteils, die sich zur Reinwaschung des Worts „Lust" von libidinösen Bezügen unter anderem auf den Apostel Paulus („Dem Reinen ist alles rein") beruft. Dem Einwand der Luftfahrtgesellschaft, die beanstandete Plakette zeige aber ein kopulierendes Vogelpaar, begegnet das Gericht mit der zutreffenden Feststellung, ein „Geschlechtsverkehr zwischen fliegenden Vögeln sei schon technisch nicht möglich".

Nach alledem ist die Behauptung, Juristen seien weltfremd, nicht länger aufrechtzuerhalten. Die Klage musste daher abgewiesen werden."

*(Süddeutsche Zeitung v. 31. März 1982; s. zur „Lusthansa" Rolf Stober, Jus mit Jux, 3. Aufl. 2001, S. 93)*

Allerdings sind die Anforderungen der Juristen an die Kategorie Humor eher bescheiden. Zwar findet man in juristischen Fachzeitschriften gelegentlich die Rubrik „Heiteres aus Gerichts- und Behördenakten". Wenn man sich dann aber hocherfreut den Texten nähert, dann stellt man schnell fest, dass die Darstellung staubtrocken ist und dass die Lachmuskeln häufig nicht benötigt werden. Das juristische Verständnis lässt sich deshalb eher unter das Motto fassen: Humor ist, wenn man trotzdem lacht. Als Beleg kann folgende Entscheidung des Bundesgerichtshofs dienen:

Eine Gesellschaft, die Häuser in ökologischer Holzrahmen-Bauweise errichtet, stellte Schilder mit der Werbeschrift auf: „Die Steinzeit ist vorbei!" Ein Interessenverband der Ziegelindustrie wollte eine gerichtliche Untersagung dieses Slogans erreichen. Das Gericht führte dazu aus:

„Mit dem von einem Hersteller von Häusern in Holzrahmen-Bauweise verwendeten Werbeslogan wird die Herstellung von Bauwerken in Steinbauweise nicht als antiquiert, unüblich und unzeitgemäß pauschal herabgewürdigt. Der verständliche Durchschnittsverbraucher wird den Werbesatz vor allem aufgrund des humorvollen Wortspiels und des darin enthaltenen Sprachwitzes nicht im Sinne einer Sachaussage ernst nehmen."

*(Bundesgerichtshof, Neue Juristische Wochenschrift 2002 S. 3399)*

# III. Humoristische Rechtsgattungen

Schon die bisherigen Ausführungen haben gezeigt, dass es juristischen Humor an sich nicht gibt. Das hängt mit den rechtlichen Instrumenten und der Arbeitsweise der Juristen zusammen. Ihr bevorzugtes Werkzeug sind Paragraphen, die bezogen auf Personen und Sachen zu Fällen werden. Dieses Büchlein bietet eine Auswahl von Rechtsgebieten, bei denen die Paragraphenreiterei besonders häufig vorkommt. Teilweise handelt es sich um neue Spezialisierungsrichtungen, deren Relevanz für die rechtswissenschaftliche Forschung noch weitgehend unentdeckt ist. Man denke nur an den Karnevalsrechtshumor (§ 6) oder den Rechtsreimhumor (§ 14). Da Juristen so gerne in Begriffen denken und Vorschriften machen, versteht es sich von selbst, dass der Begriffs- und Regulierungshumor an der Spitze steht.

## § 2 Begriffs- und Regulierungshumor

# I. Eisenbahn und Kondome als Gegenstand der Rechtserkenntnis

Juristen sind nicht nur Weltmeister im Interpretieren, sondern auch im Definieren. Die Suche nach begrifflicher Schärfe ist ein traditionelles Anliegen der Rechtswissenschaft, das in der sog. Begriffsjurisprudenz seine nachhaltige Ausprägung erfahren hat. Dabei handelt es sich um eine ernsthafte handwerkliche Methode der Rechtskonkretisierung, bei der der unfreiwillige Humor allerdings häufig Regie führt. Ein typisches klassisches Beispiel ist die Bestimmung des Begriffs „Eisenbahn" durch das Reichsgericht im Jahre 1879. Die Umschreibung hat derart Karriere gemacht, dass sie zu den juristischen Superlativen gezählt und als Juristenhumor qualifiziert wird.

*(Norbert Kollmer, Juristische Superlative, Neue Juristische Wochenschrift 1997 S. 1129 f. ; Wolfgang Pöggeler, Juristische Arbeitsblätter 1997 S. 979 f.)*

„Eisenbahn" ist danach „Ein Unternehmen, gerichtet auf die wiederholte Fortbewegung von Personen und Sachen über nicht ganz unbedeutende Raumstrecken auf metallener Grundlage, welche durch ihre Konsistenz, Konstruktion und Glätte den Transport großer Gewichtsmassen bzw. die Erzielung einer verhältnismäßig bedeutenden Schnelligkeit der Transportbewegung zu ermöglichen bestimmt ist, und durch diese Eigenart in Verbindung mit den außerdem zur Erzeugung der Transportbewegung benutzten Naturkräften (Dampf, Elektricität, thierischer oder mensch-licher Muskelthätigkeit bei geneigter Ebene der Bahn auch schon der eigenen Schwere der Transportgefäße und deren Ladung usw.) bei dem Betriebe des Unternehmens auf derselben eine verhältnismäßig gewaltige (je nach den Umständen nur in bezweckter Weise nützliche, aber auch Menschenleben vernichtende und die menschliche Gesundheit verletzende) Wirkung zu erzeugen fähig ist."

*(Entscheidungen des Reichsgerichts in Zivilsachen RGZ 1 S. 247, 251 f.)*

Es versteht sich von selbst, dass dieses Satzungetüm den Sprachstilisten Ludwig Reiners provozierte und zur folgenden Definition des Reichsgerichts inspirierte:

„Ein Reichsgericht ist eine Einrichtung, welche eine dem allgemeinen Verständnis entgegenkommen sollende, aber bisweilen durch sie nicht ganz vermeiden lassende, nicht ganz unbedeutende bzw. verhältnismäßig gewaltige Fehler im Satzbau auf der schiefen Ebene das durch verschnörkelte und ineinander geschachtelte Perioden ungenießbar gemachten Kanzleistils herabgerollte Definition, welche eine das Sprachgefühl verletzende Wirkung zu erzeugen fähig ist, liefert."

*(Ludwig Reiners, Stilfibel, 27. Aufl., S. 93)*

Auch in der modernen, global vernetzten Industrie-, Dienstleistungs- und Informationsgesellschaft spielen Rechtsbegriffe eine Schlüsselrolle. Diesen Eindruck erwecken jedenfalls die folgenden Kostproben aus Rechtsprechung und Rechtsetzung.

*(S. zur Begriffsjurisprudenz ferner Rolf Stober, Jus mit Jux, 3. Aufl. 2001, S. 35 ff.)*

Dabei wird besondere Aufmerksamkeit dem Begriff des Kondoms und seiner praktischen Anwendbarkeit gewidmet. Hinsichtlich der Vorarbeiten zur Schaffung einer Europäischen Norm für das Kondom (EN 600) richtete der Abgeordnete von Nel van Dijk folgende Anfrage an die EU-Kommission:

„Im *Spiegel* Nr. 42 v. 18. Oktober 1993 wird über eine sich bereits seit Jahren hinziehende Diskussion in der Kommission über die EN 600, die europäische Norm für das Kondom, berichtet. Wie es im *Spiegel* weiter heißt, wurde aufgrund einer Untersuchung, die kürzlich in einem Londoner Krankenhaus durchgeführt und im British-Medical-Journal veröffentlicht wurde, von englischer Seite ein Kompromiss über die Durchschnittsmaße des europäischen männlichen Geschlechtsteils, das auf 17 cm Länge und 5,6 cm Durchmesser geschätzt wurde, als unzureichend für die englische Bevölkerung abgelehnt.

Hat die Kommission Kenntnis von dem Bericht im *Spiegel* v. 18. Oktober 1993 über die Diskussion über die europäische Norm EN 600 für Kondome und die Probleme, die in diesem Zusammenhang auftreten?

Ist die Kommission nicht der Ansicht, dass es in Anbetracht der Empfindlichkeiten, die u. a. offensichtlich bei der Feststellung der Durchschnittslänge des Geschlechtsteils des europäischen Mannes zutage treten, sinnvoll wäre, diese Angelegenheit unter Berücksichtigung des Subsidiaritätsprinzips bzw. im Rahmen einer Europäischen Charta für das Kondom zu regeln, wobei die Mitgliedstaaten gegebenenfalls Ausnahmen zum statistischen Durchschnitt von 17 cm Länge und 5,6 cm Durch-

messer des männlichen Glieds fordern können?

Teilt die Kommission die Auffassung, dass dieser Streit über die Länge des männlichen Glieds und das Kondom negative Auswirkungen auf die Kampagnen zur AIDS-Bekämpfung in den Mitgliedstaaten haben kann, bei denen das Kondom eine zentrale Rolle spielt?"

Antwort von Herrn Bangemann im Namen der Kommission (21. März 1994):

„Die Kommission ist sich der Mediatisierung der Normungstätigkeit der europäischen Normenorganisation CEN im Zusammenhang mit Kondomen bewusst. In einigen Artikeln wird eine ziemlich selektive Informationsauswahl getroffen, wobei der tatsächliche Gegenstand der Normungstätigkeit nicht im Vordergrund steht.

Die Kommission beauftragte das CEN 1991, im Rahmen der Sicherheitsanforderungen der Richtlinie 93/42/EWG für medizinische Geräte europäische Sicherheitsnormen für Kondome zu erstellen. Die Normen, deren Anwendung freiwillig ist, betreffen Sicherheitsaspekte im Hinblick auf den Gesundheitsschutz, die von wesentlicher Bedeutung bei der Vorbeugung gegen sexuell übertragbare Krankheiten und somit auch die Übertragung des HIV (AIDS-Virus) sind. Da die Normen, die Ende 1994 fertig gestellt sein sollen, nicht obligatorisch sein werden, werden Ausnahmegenehmigungen, wie sie der Herr Abgeordnete vorgeschlagen hat, nicht erforderlich sein."

*(Anfrage E-3379/93 v. 26.11.1993, Amtsblatt der Europäischen Gemeinschaften Nr. C 279 v. 5.10.1994, S. 55 f.)*

Inzwischen ist die EN 600 in Kraft getreten, die vor allem die Anforderungen an Reißkraft und Dichte sowie die Mindestlänge der Kondome festschreibt. Die Standards gelten aber nur innerhalb der EU, weshalb die Schweiz eine eigene „Verordnung zur Regelung der Kondome" erlassen hat. Danach handelt es sich bei den Präservativen um

„Membrane aus Kunstgummi oder Naturhautschutz für Männer, die hergestellt werden mit dem Zweck, sie in Verkehr zu bringen für den Gebrauch in der Schweiz."

Bei dieser Definition leuchtet ohne weiteres ein, dass jeder grenzüberschreitende Verkehr auf der Strecke bleiben muss. Ergänzend sei zur Kondomfrage auf die erste Verordnung zur Änderung der Verordnung über die Krankenfürsorge auf Kauffahrteischiffen

*(v. 8.12.1987, Bundesgesetzblatt I S. 2553, 2563)*

hingewiesen. Dort heißt es unter dem „Verzeichnis der Arzneimittel und Hilfsmittel der Krankenfürsorge auf Schiffen ohne Schiffsarzt" zum Stichwort „Schutzmittel gegen Geschlechtskrankheiten" (Nr. 105), dass die Mindestausstattung an Kondomen pro Besatzungsmitglied 5 Stück betrage, wobei die Menge im Übrigen der Dauer der Reise und dem Fahrtziel anzupassen sei.

Die Kondomproblematik beschränkt sich nicht auf die Krankenfürsorge auf Schiffen. Sie betrifft auch die Sozialfürsorge, wobei die Frage im Vordergrund steht, wie viele Kondome beansprucht werden können. In dem hier vorgestellten Fall hatte der Kläger die Bewilligung

von 12 Präservativen pro Woche beantragt. Da die ärztliche Verordnung keine Angaben über die Zahl der benötigten Kondome enthielt, versicherte er, mit seiner Freundin 1,7- mal pro Tag Geschlechtsverkehr zu haben und erklärte ferner, er lasse sich nicht vorschreiben, wie oft er mit seiner Freundin schlafen dürfe.

Das Oberverwaltungsgericht Hamburg stellte hierzu sachkundig fest:

„Legt man den vom Kläger genannten Preis von knapp 1,- DM pro Kondom ... zugrunde, so ermöglicht ihm die gewährte Hilfe, gut 20-mal im Monat mit seiner Freundin ohne Risiko einer Empfängnis geschlechtlich zu verkehren. Unter Berücksichtigung der Tage, in denen ein Geschlechtsverkehr nicht möglich ist oder nicht erwünscht wird, kann der Kläger praktisch Tag für Tag einmal ohne Risiko den Geschlechtsverkehr ausüben. Dass eine dahingehende Beschränkung ... seine partnerschaftliche Beziehung gefährden könnte, ist nicht ersichtlich, zumal seiner Freundin und ihm ... noch andere Formen befriedigender sexueller Kontakte offen stehen. Dass der Kläger möglicherweise mehr leisten könne, ist unerheblich. Für das Geschlechtsleben gilt nichts anderes als für alle existenziellen Lebensbedürfnisse: Es ist nicht Aufgabe der Sozialhilfe, ihm eine bestmögliche, maximale Bedürfnisbefriedigung zu ermöglichen."

Im Übrigen hat das Gericht nachgerechnet und dem Kläger empfohlen, einfache Markenpräservative in Großpackungen in Drogeriemärkten oder Sexshops zu kaufen. Dann könne er für denselben Preis 150 Kondome, also die gewünschte Menge, erwerben.

*(Oberverwaltungsgericht Hamburg, Neue Juristische Wochenschrift 1991 S. 941 f. und dazu Horst Sendler, Neue Juristische Wochenschrift 1995 S. 2209)*

## II. Gehören Schlafanzüge und Nachthemden ins Bett?

Wenn sich die Juristen schon mit Kondomen beschäftigen, liegt es nicht fern, dass sie sich auch dazu äußern, was unter einem Schlafanzug zu verstehen ist, der in die Europäische Gemeinschaft eingeführt werden soll. Die Einfuhr ist in der Position 6108 der kombinierten Nomenklatur des Gemeinsamen Zolltarifs in der Fassung der Verordnung Nr. 2658/87 und der Verordnung Nr. 3174/88 normiert. Doch findet sich in diesen Zollrechtswerken keine Definition des Schlafanzugs, bis auf die, dass es sich dabei um „Gewirke oder Gestricke ... für Frauen und Mädchen" handele. Auch in den Erläuterungen zum gemeinsamen Zolltarif und der Nomenklatur des Rates auf dem Gebiete des Zollwesens wird keine Definition des Schlafanzugs gegeben. Wegen dieser empfindlichen Rechtslücke hat das Hessische Finanzgericht den Europäischen Gerichtshof angerufen und ihm die Definitionsfrage vorgelegt. Die Erste Kammer hat daraufhin das nachfolgend auszugsweise wiedergegebene Urteil gefällt:

„Da eine solche Definition fehlt, sind die objektiven Merkmale eines Schlafanzugs, die ihn von anderen Zusammenstellungen unterscheiden, in dessen Zweckbestimmung zu suchen, nämlich im Bett als Nachtkleidung getragen zu werden. Lässt sich dieses objektive Merkmal bei der Zollabfertigung feststellen, so steht der Umstand, dass auch eine andere Verwendung des Kleidungsstücks denkbar ist, seiner rechtlichen Qualifizierung als Schlafanzug nicht entgegen. Danach ist es für die zollrechtliche Tarifierung eines Kleidungsstücks als Schlafanzug nicht erforderlich, dass dieses dazu bestimmt ist, ausschließlich im Bett getragen zu werden. Ausreichend ist, dass dies seine wesentliche Zweckbestimmung ist."

„Diese Auslegung wird durch mehrere von der Kommission in ihren Erklärungen vorgetragenen Gesichtspunkte bestätigt. Erstens werden in den Erläuterungen des Rates „zu Position G112 (Trainingsanzüge) diese Waren definiert als zweiteilige Waren aus Gewirken oder Gestricken, ungefüttert, manchmal auf der Innenseite gerauht, deren allgemeines Aussehen und Stoffbeschaffenheit erkennen lassen, dass sie dazu bestimmt sind, ausschließlich oder im Wesentlichen bei der Ausübung eines Sports getragen zu werden. Dieses Kriterium kann bei der Tarifierung von Schlafanzügen analog herangezogen werden. Zweitens lassen die von der Kommission in verschiedenen die Tarifierung von Schlafanzügen betroffenen Einreihungsverordnungen ... erkennen, dass als Schlafanzug nur Waren tarifiert werden können, die nach ihrem allgemeinen Aussehen und ihrer Stoffbeschaffenheit dazu bestimmt sind, ausschließlich oder im Wesentlichen als Nachtkleidung getragen zu werden."

„Die erste Vorlagefrage ist daher dahin zu beantworten, dass Schlafanzüge im Sinne der Position 6108 der kombinierten Nomenklatur ... nicht nur solche Zusammenstellungen von zwei Kleidungstücken aus Gewirken oder Gestricken sind, die nach ihrem äußeren Erscheinungsbild ausschließlich zum Tragen im Bett bestimmt sind, sondern auch solche, die im Wesentlichen hierfür verwendet werden."

„Aus der Antwort auf die erste Frage ergibt sich, dass eine Zusammenstellung aus Gewirken und Gestricken als Schlafanzug zu tarifieren ist, wenn sie dazu bestimmt ist, ausschließlich oder im Wesentlichen im Bett getragen zu werden. Allein die Möglichkeit, ein Kleidungsstück im Bett zu tragen, ist also nicht ausreichend."

*(EuGH Erste Kammer, Bayerische Verwaltungsblätter 1995 S. 560 f.)*

Was besagt diese Entscheidung im Klartext? Man kann zwar auch in einem Trainingsanzug ins Bett gehen. Dieses Kleidungsstück wird aber nicht zum Schlafanzug, weil seine Funktion als Schlafbekleidung nicht sein wesentlicher Zweck ist. Umgekehrt kann man aber in einem Schlafanzug Jogging machen oder die Wohnung tapezieren, ohne dass er dadurch seine Qualifikation als Schlafanzug verliert.

Wie verhält es sich aber mit Nachthemden, die nach diesen Ausführungen schon wegen ihrer Einteiligkeit nicht als Schlafanzug tarifiert werden können? Der Europäische Gerichtshof hat auch diese Definitionsfrage an-

lässlich der Auslegung der Tarifstelle 60. 04 B IV 2 bb des Gemeinsamen Zolltarifs in der Fassung der Verordnung Nr. 3400/84 des Rates v. 27.11.1984 gelöst.

*(Amtsblatt der Europäischen Gemeinschaften 1984 Nr. L 320 S. 1)*

Die Luxemburger Richter befanden, „ein Kleidungsstück ist nur dann ein Nachthemd, wenn es nach seinen objektiven Merkmalen dazu bestimmt ist, ausschließlich oder im Wesentlichen im Bett getragen zu werden".

Der EuGH betonte jedoch, die Klassifizierung als Nachthemden im Sinne der vorbezeichneten Tarifstelle gehe nicht dadurch verloren, dass die Nachthemden auch zu anderen Zwecken verwendet werden könnten. Anlass für das Verfahren war der Fall eines Importeurs, der weitgeschnittene

„Kleidungstücke aus Gewirken zur Bedeckung des Oberkörpers"

eingeführt und beim Zoll als Nachthemden deklariert hatte. Das Hauptzollamt verlangte aber den höheren Zollsatz für Kleider. Der Bundesfinanzhof wollte diese süffisante Frage nicht allein entscheiden und bat deswegen den EuGH um Vorabentscheidung, weil es um die Auslegung einer Verordnung der EG ging. Streitig ist indes nach dem Spruch der Luxemburger Richter noch die Auslegung von zwei „Einreihungsverordnungen". Danach sind weite oder leichte Kleidungsstücke „zur Bedeckung des Oberkörpers, bis zur Mitte des Oberschenkels reichend „keine Nachthemden

– egal, ob das Kleidungsstück auf Taillenhöhe eine Kordel hat oder nicht."

*(Europäischer Gerichtshof, Urteil v. 20.11.1997 – Az Rs. C-338/95; Handelsblatt v. 21.11.1997 Nr. 225 S. 4; Höchstrichterliche Finanzrechtsprechung 1998 S. 237)*

## III. Slip und Büstenhalter gehören zusammen!

Während bei einem Schlafanzug wenigstens Klarheit darüber besteht, dass er nach europäischen Zolltarifrecht zusammengehört, ist das bei einem Slip und einem Büstenhalter keineswegs der Fall. Das beweist jedenfalls die Anfrage eines Versandhauses bei einer Oberfinanzdirektion:

„Man wollte wissen, wie denn eine „BH-Garnitur, 90 Prozent Polyamid, 10 Prozent Elasthan (BH mit Formbügel und ein Slip), Wert: BH 6,93 DM, Slip 4,31 DM" zollrechtlich einzustufen sei. Dort dachte man nach und entschied Folgendes: „Der Büstenhalter ist in die Tarifunterposition 6212 10 00 und der Slip in die Tarifunterposition 6108 21 00 der Kombinierten Nomenklatur, wie sie sich aus der EG-Verordnung Nr. 2551/93 zur Änderung des Anhangs I der EG-Verordnung Nummer 2658/87 ergibt, einzuordnen."

Doch mit dieser getrennten Einordnung wollte sich das Unternehmen nicht zufrieden geben, da dies einen höheren Zoll ergab als bei einer gemeinsamen Einordnung. Es klagte vor dem Finanzgericht. Büstenhalter und Slip bildeten eine Einheit und dürften nur gemeinsam in eine Tarifposition eingestuft werden, argumentierten die Versandhändler. Die entsprechende EG-Verordnung, die das anders sehe, sei ungültig. Dieser Meinung schloss sich auch das Finanzgericht in Kassel an. Da aber in Europa über solche europarechtlichen Fragen nicht ein nationales Gericht allein entscheiden kann, musste das Verfahren dem Gerichtshof in Luxemburg vorgelegt werden.

Dieser entschied nun, dass Slip und Büstenhalter zusammengehören. Als Warenzusammenstellungen aufgemachte Garnituren seien nach den europäischen Zollvorschriften gemeinsam in den Zolltarif einzureihen. Die Europarichter gaben dem Versandhaus recht und erteilten der EU-Kommission eine Abfuhr. Sie habe „ihre Befugnisse überschritten", die Verordnung sei ungültig. Das Hessische Finanzgericht hatte argumentiert, die Garnitur sei vom Büstenhalter geprägt und deshalb wie ein Büstenhalter zu verzollen. Dagegen entschieden nun die Luxemburger Richter, der Zusammenstellung würde ohne einen ihrer Bestandteile, ob Slip oder Büstenhalter, „ihre charakteristische Eigenschaft fehlen". Nach einer Vorschrift gelte daher die höhere Tarifnummer. Diese führt freilich zum gleichen Zoll wie die des Büstenhalters, aber juristisch ist Ordnung geschaffen."

*(Europäischer Gerichtshof, Urteil v. 15.1.1998 – Az Rs. C-80/96, Frankfurter Allgemeine Zeitung v. 17.1.1998 Nr. 14 S. 10)*

## IV. Zum gelegentlichen Betrieb eines offenen Kamins

Neben dem Zolltarif führt auch das Umweltrecht zu kuriosen Definitionsbemühungen. So hat die EG-Kommission in einer Entscheidung zur Festlegung von Umweltkriterien für die Vergabe des EG-Umweltzeichens die Produktgruppe Toilettenpapier wie folgt umschrieben:

„Papierrollen oder -blätter, die für die persönliche Hygiene in Toiletten bestimmt sind. Das Papier besteht aus ein- oder mehrlagigem gekrepptem oder geprägtem Papier ... Ähnliche Papiere auf Weichpapierbasis, wie Servietten oder Taschentücher, fallen nicht unter diese Produktgruppe".

*(Entscheidung v. 14.11.1994, Amtsblatt der Europäischen Gemeinschaften Nr. L 364 v. 31.12.1994 S. 24 ff.)*

Diese Einordnung schließt allerdings nicht aus, dass Servietten und Taschentücher im Notfall auch zweckentfremdet und als Toilettenpapier verwendet werden dürfen.

Hingegen taten sich die zuständigen Richter schwer mit der näheren Bestimmung des § 4 der sog. Kleinfeuerungsanlagenverordnung,

*(v. 14.3.1997, Bundesgesetzblatt I S. 490 ff.)*

die aus Gründen des Umweltschutzes nur den „gelegentlichen" Betrieb eines offenen Kamins gestattet. Aber was heißt eigentlich gelegentlich? Hier eine Auswahl von Interpretationen des Oberverwaltungsgerichts Koblenz.

Danach bedeutet gelegentlich:

„von Zeit zu Zeit"
„bei passenden Umständen"
„manchmal"
„ab und zu"
„wenn der Kamin zur Erzeugung einer Behaglichkeit oder einer besonderen Stimmung betrieben wird".

*(Oberverwaltungsgericht Koblenz, Neue Zeitschrift für Verwaltungsrecht 1992 S. 280)*

Wie ist es aber, wenn man jeden Abend Behaglichkeit erzeugen will? Das geht nach Meinung der Rechtsprechung zu weit. Denn dieselbe Instanz stellte in einem anderen Verfahren fest:

„Der Bestimmung, dass ein offener Kamin nur gelegentlich betrieben werden darf, ist bei einer Betriebsbeschränkung auf fünf Stunden an 8 Tagen pro Monat genügt".

*(Oberverwaltungsgericht Koblenz, Deutsches Verwaltungsblatt 1994 S. 355)*

Der Kaminbesitzer fragt sich allerdings, durch welche Messmethode das Gericht zu diesen exakten Zahlenangaben kommt und wie die Verordnung vernünftig kontrolliert werden soll.

Zu Recht wird die beschriebene Normenflut kritisiert und auf den Paragraphenhaken genommen. So setzt sich der Staatsrechtler Jürgen Schwabe in einer Glosse mit einer Änderung der Wasserskiverordnung auseinander.

*(Verordnung v. 12.8.1998, Bundesgesetzblatt I S. 2199)*

„Danach darf fortan „auf Binnenschifffahrtsstraßen nur Wasserski gefahren werden, wenn der Wasserskiläufer eine geeignete Wasserskiweste oder einen geeigneten Wasserskianzug trägt.""„Eine Wasserskiweste gilt als geeignet, wenn sie der Regel C803 des Welt-Wasserski-Verbands entspricht; ein Wasserskianzug gilt als geeignet, wenn er der Regel C804 des Welt-Wasserski-Verbands entspricht. Diese Regeln sind beim Internationalen Wasserski-Verband (International Waterski-Federation) in Lausanne niedergelegt. Zu beziehen sind sie durch die Geschäftsstelle des Deutschen Wasserski-Verbands, Jeichenweg 12, 54338 Schweich.""

Ein Verstoß ist selbstverständlich eine Ordnungswidrigkeit.

Hersteller, Importeure und Händler von Westen und Anzügen werden sich über den Umsatzzuwachs freuen. Dass der Zuständige im Ministerium ihren Absatzinteressen dienen wollte, wäre eine vorschnelle und ungesicherte Erklärung. Kam der Anstoß vielleicht aus Brüssel, wo angeblich Regulierungswut herrscht? Nein, sagt das Verkehrsministerium. Vielmehr sollen die „Sicherheit der Verkehrsteilnehmer auf dem Wasser durch geeignete Vorschriften erhöht" und „die Unfallfolgen (Unterkühlung) bei – vor allem nicht organisierten – Wasserskiläufern vermindert werden". In der Begründung hieß es: „Zur Sicherheit der Wasserskiläufer soll vorgeschrieben werden, dass ein bei den meisten Wasserskiläufern selbstverständliches Verhalten von allen Betroffenen beachtet wird." Eine Erhebung über Unterkühlungsunfälle liegt dem Ministerium allerdings nicht vor.

Da ein gestürzter Wasserskiläufer meist binnen Sekunden an Bord genommen werden kann, vermag er sich nur zu unterkühlen, wenn er beim mehrfach verpatzten Neustart zu lange im Wasser bleibt. Und auch bei einem schnellen Start kann ihm die Verdunstungskühle schaden. Aber da geht es ihm nicht schlechter als dem, der bei Frost im Sommerhemd herumläuft.

Westen- und Anzugspflicht besteht nicht nur bei kühlem Wetter, sondern auch bei größter Hitze. Dann schaut der staatlicherseits in die Schwitzpflicht genommene Wasserskiläufer neidisch auf die Surfer, die sich – vorerst! – noch ohne Anzug tummeln dürfen.

Die Verordnung hat das Zeug, zu einem Standardfall in der Juristenausbildung zu werden. Wenigen ist die Verfassungswidrigkeit so auf die Stirn geschrieben wie ihr; das begründet ihre Eignung für eine leichte Anfängerklausur mit Beschränkung auf die Prüfung der Grundrechte aus Artikel 2 Absatz 1 (Handlungsfreiheit) und Artikel 3 Absatz 1 (Gleichbehandlung) des Grundgesetzes. Bei Einbeziehung der gar nicht so einfachen Rechtsschutzprobleme kann sie auch in einer Übung für Vorgerückte eingesetzt werden.

Nach Informationen aus zuverlässiger Quelle bereitet das Ministerium, ungeachtet des Regierungswechsels, für Straßen, Wasserwege und Eisenbahnen des Bundes sowie für das Bonner und Berliner Regierungsviertel eine Ohrenschutzverordnung vor. Sie verpflichtet bei Temperaturen unter dem Gefrierpunkt (gemessene und nicht empfundene Kälte) zur Benutzung wahlweise tiefsitzender Woll- oder Pelzmützen, von Stirnbändern mit wenigstens

63 Millimeter seitlicher Breite, Ohrenklappen oder Walkman-Kopfhörer mit spezieller Winterausrüstung (Pelzrand). Für Frauen jedweder Konfession sind auch Kopftücher mit wenigstens 50 Prozent Wollanteil erlaubt. Die Spezifikation der zulässigen Schutzmittel in den Größen M, L, X und XL ergibt sich aus einer Liste der jeweils zuständigen Wirtschaftsverbände, die einem Dachverband Ohrenschutz angehören. Als zuständige Ohrenschutzbehörde ist der Bundesgrenzschutz vorgesehen. Verstöße werden als Ordnungswidrigkeit verfolgt.

So kämpft Väterchen Staat gegen Väterchen Frost. Wir Mündel danken ihm dafür."

*(Jürgen Schwabe, Frankfurter Allgemeine Zeitung v. 5.1.1999 Nr. 3 S. 12)*

# V. Vom Ehebetrieb zur Betriebsehe

Die Gerichte sind aber teilweise nicht besser als der Gesetzgeber. Das zeigt der hier auszugsweise wiedergegebene Beschluss des Oberlandesgerichts Schleswig über Ruhegeldanwartschaften nach dem Hamburger Ruhegeldgesetz, der sich mit den Feinheiten des Versorgungsausgleichs befasst:

„Daher sind bei der Bewertung für den Versorgungsausgleich vom Ehezeitanteil der Gesamtversorgung 63/75 der in der betrieblichen Ehezeit erworbenen gesetzlichen Ren-tenanwartschaft abzuziehen, ferner 63/75 der vor dem Betriebseintritt erworbenen Rentenanwartschaft, diese Letztere quotiert im Verhältnis der ehezeitlichen Betriebszeit (178 Monate) zur gesamten Betriebszeit (296 Monate), also mit 60,14 % ... a) In der betrieblichen Ehezeit hat der Antragsgegner ... 23,4742 Entgeltpunkte erworben ... b) In der vorbetrieblichen Zeit ... hat der Antragsgegner ... 6591,44 (Gesamtzeit) ./. 1416,36 (nacheheliche Zeit) ./. 2347,42 (eheliche Betriebszeit) = 2827,66 Werteinheiten = 28,2766 Entgeltpunkte erworben ...“

*(Oberlandesgericht Schleswig, Beschluss v. 18.11.1994 – Az 10 UF 145/91, FamRZ 1996 S. 741)*

Dieser Entscheidungstext hat den Regensburger Familienrechtler Dieter Schwab zu folgender Glosse veranlasst:

„Unser neidloses Erstaunen über den souveränen mathematischen Umgang mit mehreren Bekannten und Unbekannten steigert sich zu fassungsloser Bewunderung, wenn wir das sprachliche Differenzierungsvermögen des Senats auf uns wirken lassen: Da gibt es u. a. eine Ehezeit, eine betriebliche Ehezeit, eine ehezeitliche Betriebszeit, eine eheliche Betriebszeit, eine gesamte Betriebszeit, eine vorbetriebliche Zeit sowie eine nacheheliche Zeit, und das in wenigen Zeilen! Gewiss ist damit der Zeitenfundus noch nicht erschöpft. Denn unberücksichtigt bleiben bedauerlicherweise wichtige Lebensabschnitte wie die vorbetriebliche Ehezeit, die ehezeitliche Vorbetriebszeit, die voreheliche Betriebszeit, die gesamte Ehebetriebszeit, die gesamte Betriebsehezeit, die nachbetriebliche Ehezeit, die eheliche Nachbetriebszeit, die betriebliche Nachehezeit, die nachzeitliche Ehebetriebszeit, die vorbetriebliche Nachehezeit und sogar die nachbetriebliche Vorehezeit, davon abgesehen, dass der eheliche Zeitbetrieb auch außereheliche Betriebszeiten zulassen mag, die nicht selten zu einer betrieblichen Zeitehe führen, welche vom zeitlichen Ehebetrieb – schon auf Betreiben des Ehebetriebsrats – wohl zu unterscheiden sein wird. Und da auch die alternativen Lebensformen mindestens als Tendenzbetriebe nicht länger im Schatten bleiben sollen, können wir, hoffentlich im Sinne des OLG Schleswig, nur sagen: Lieber eine eheähnliche Vorbetriebszeit als eine betriebsähnliche Nachehezeit. Denn eine solche wäre, um es sächsisch zu sagen, zu jeder Zeit bedrieblisch ..."

*(Dieter Schwab, FamRZ 1996 S. 721)*

# VI. Achtung: Liebhaberei ist steuerlich nicht absetzbar

Den Fängen des Staates kann man sich bekanntlich nur erfolgreich entziehen, wenn gegenüber dem Finanzamt möglichst viele Kosten und Verluste geltend gemacht und diese mit sonstigen Einkünften verrechnet werden können. In diesem Zusammenhang beschäftigt die Rechtsprechung immer wieder die Frage, ob eine berufliche Tätigkeit als Liebhaberei und damit als sog. Hobbyberuf qualifiziert werden kann. In diesem Fall scheidet nämlich eine einkommensteuerrechtliche Berücksichtigung der Kosten und Verluste aus.

*(Entscheidungen des Bundesverfassungsgerichts 1999 S. 88, 99)*

In dem hier auszubreitenden Streit ging es darum, ob der Beruf des Rechtsanwalts so viel Spaß machen kann, dass man ihn aus reiner Liebhaberei betreibt. Der Kläger erlitt mehrere Jahre erhebliche Verluste, mietete aber gleichzeitig größere Räume an und betrieb eine repräsentative Kanzleiführung. Die Finanzbehörden und das Finanzgericht München sahen deshalb den Tatbestand der Liebhaberei erfüllt. Doch der Bundesfinanzhof urteilte:

„Im Streitfall spricht der Beweis des ersten Anscheins dafür, dass der Kläger seine Rechtsanwaltskanzlei in der Absicht betrieben hat, Gewinne zu erzielen; denn ein Unternehmen dieser Art ist regelmäßig nicht dazu bestimmt und geeignet, der Befriedigung persönlicher Neigungen oder der Erlangung wirtschaftlicher Vorteile außerhalb der Einkommenssphäre zu dienen."

„Die ernsthafte Möglichkeit, dass ein jahrelang ausschließlich mit Verlusten arbeitender Betrieb nicht in der Absicht der Gewinnerzielung geführt wird, ist gegeben, wenn feststeht, dass der Betrieb nach seiner Wesensart und der Art seiner Bewirtschaftung auf die Dauer gesehen nicht nachhaltig mit Gewinn arbeiten kann."

„Darüber hinaus hat das Finanzgericht keine persönlichen Gründe oder Motive festgestellt, die den Kläger trotz überwiegender Verluste zur Weiterführung seiner Anwaltskanzlei bewogen haben könnten. Der Umstand allein, dass der Kläger wegen anderweitiger hoher Einkünfte in der Lage war, die aus der „repräsentativen Kanzleiführung" jährlich anfallenden Verluste zu tragen, begründet kein solches persönliches Motiv. Angesichts der Tatsache, dass der Kläger seine Kanzlei hauptberuflich betrieben und ... die Anwaltstätigkeit mit vollem persönlichen Einsatz ausgeübt hat, ist ein derartiges persönliches Motiv auch nicht nahe liegend. Eine Rechtsanwaltstätigkeit aus Gründen der Liebhaberei kann hier nicht angenommen werden."

*(Bundesfinanzhof, Neue Juristische Wochenschrift 1998 S. 2471)*

Dieser Richterspruch wurde in Anwaltskreisen als glattes Fehlurteil gedeutet und mit Unverständnis zur Kenntnis genommen. Ein Rechtsanwalt kleidete seinen Liebhaberprotest in folgende Worte:

„Einen Sturm der Entrüstung müssten auch meine mehr als 95 000 Berufskollegen entfachen gegen die völlig unverständliche Feststellung des BFH, Rechtsanwaltstätigkeit sei keine Liebhaberei. Sie ist es. Wie konnten weise Bundesrichter nur zu so einer Erkenntnis gelangen? Sie scheinen nichts zu wissen vom anwaltlichen Alltag. Hätten sie hierin vor dem Votum des Berichterstatters und der abschließenden Beratung einmal Einblick gehalten, wäre man in München nicht zu diesem Fehlurteil gelangt.

Allein schon die Arbeitszeit des Anwalts vom frühen Morgen, bevor die Schulen ihre Pforten öffnen, bis deutlich nach der abendlichen „Tagesschau" belegt zur Genüge, dass hier jemand einem ausgesprochenen Hobby nachgehen muss, weiß er neben ca. 4 Mio. Arbeitslosen auch die sonst noch arbeitende Bevölkerung doch schon längst zu Hause. Mit der deutlich kapitalistisch geprägten Absicht der Gewinnerzielung kann ein solcher Büroverbleib nicht erklärt werden. Dazu sind BRAGO und Anwaltsschwemme – siehe oben – nicht geeignet. Liebhabereien werden in Mußestunden ausgeübt. Da solche jedoch dem Anwalt nicht mehr zur Verfügung stehen, ergibt sich hieraus zwangsläufig die Feststellung, dass seine berufliche Tätigkeit gleichzeitig auch seine – einzige – Liebhaberei ist. Willkürlich herausgenommene Tätigkeiten bestärken die Richtigkeit dieser conclusio:

Macht es nicht ungemeine Freude, zusammen mit dem Mandanten die umfangreichen Vordrucke für den Versorgungsausgleich auszufüllen und dabei einen Stoß ungeordneter Rentenversicherungsunterlagen zu durchstöbern, wenn man hierfür auf jeden Fall mit dem Mindeststreitwert von 1.000 DM belohnt wird? Überkommt den Anwalt nicht ein warmes Gefühl, wenn er den armen Mandanten wegen der zu beantragenden Prozesskostenhilfe fragen darf und muss, wie er denn wohl seine Wohnung beheizt? Wollten wir es einem Mandanten – es könnte sich z. B. um einen Lehrer handeln – übel nehmen, wenn er vor Einreichung eines Schriftsatzes zunächst um einen Entwurf bittet, um dann kleinliche Korrekturen vorzunehmen? Ist es etwa ärgerlich, wenn nach dem direkten Eilantrag auf Zuweisung der ehelichen Wohnung der lapidare Anruf kommt, man habe sich inzwischen wieder versöhnt? Nein! Ein dreimal laut gerufenes Nein müsste sich an den staatlichen Mauern des BFH brechen. Wir Anwälte sind nicht nur Liebhaber unserer Justitia, auch wenn sie immer fülliger wird, sondern gehen mit unserem Beruf einzig und allein einer Liebhaberei nach. Sie ist nämlich nichts anders als die „Vorliebe für etwas, Neigung in Bezug auf andauernde Beschäftigung mit einem Gegenstand, einer Kunst, Wissenschaft und ähnl." (vgl. *Jacob* und *Wilhelm Grimm*, Deutsches Wörterbuch, Bd. 12, Leipzig 1885, dtv-Verlag 1984).

Morgen gehe ich wieder in meine Kanzlei. Natürlich just for fun!"

*(Rechtsanwalt Jörg Schüttemeyer, Neue Juristische Wochenschrift 1998 Heft 38 S. XXVI ff.)*

## VII. Achtung: Ein Sylt-Aufenthalt kann steuerlich absetzbar sein

Eine Liebhaberei besonderer Art ist das Verfassen von Fachbüchern. Sie müssen gelegentlich zu einem bestimmten Zeitpunkt beim Verlag abgeliefert werden. Um diesen Termin zu halten, machte der an einer Fachhochschule als Dozent lehrende Kläger für seine nebenberufliche Tätigkeit die Kosten für einen 10-tägigen Aufenthalt auf Sylt (Fahrtkosten, Hotelkosten, Verpflegungsaufwendungen) in den Semesterferien im Februar 2001 steuerlich geltend. Das Finanzgericht Hannover erkannte die Kosten als Betriebsausgaben

(gem. § 4 Abs. 4 EStG) bei der selbständigen Autorentätigkeit an, da der Hotelaufenthalt ausschließlich beruflich bedingt gewesen sei.

Der Aufenthalt sei ausschließlich dazu benutzt worden, die Neuauflage eines Fachbuchs (mit 573 Seiten und 246 Abbildungen und 65 Tabellen) vorzubereiten, für die der Kläger konkreten Termindruck angeben konnte.

Indizien für die berufliche Veranlassung seien der konkrete Abgabetermin des Verlags Ende Februar 2001, die baldige Übergabe des Manuskripts nach Rückkehr und das baldige Erscheinen des Buchs. Um den Termin halten zu können, habe er sich allein, völlig ungestört mit der nötigen Büroausstattung (Notebook, Drucker usw.) in ein Hotel auf Sylt zurückgezogen, obwohl er an der Fachhochschule ein eigenes Büro und in seiner Wohnung ein Arbeitszimmer hatte. An der Hochschule sei durch Lärm aufgrund von Bauarbeiten kein Arbeiten möglich gewesen, und zu Hause habe er wegen der Kinder nicht ungestört arbeiten können, so dass er den Abgabetermin unter den Bedingungen nicht hätte halten können. Die Tage im Hotel seien als Arbeitstage im Rahmen der selbständigen Tätigkeit zu werten.

Auch der Aufenthalt im Februar – außerhalb der Urlaubssaison – lasse keinen Hinweis auf die private Lebensführung und somit eine private Mitveranlassung erkennen. So sind die Aufwendungen für einen Hotelaufenthalt in diesem Fall nicht als typische Kosten der Lebensführung im Sinne des § 12 EStG zu werten, sondern vielmehr erkannte das Gericht die Abgeschiedenheit und Ruhe auf der Insel im Februar, das Klima und die Umgebung als besonders geeignet an, ein effektives Arbeiten mit kurzen Erholungspausen zu gewährleisten.

*(Niedersächsisches Finanzgericht, Urteil v. 12.12. 2002 – Az 11 K 335/02, Forschung und Lehre 2003 S. 325)*

# § 3 Reiserechtshumor

# I. Keine Reisepreisminderung bei Einzelbetten und rülpsenden Tischnachbarn

Das Stichwort „Erholung auf Sylt" ist der ideale Einstieg in die Kategorie des juristischen Reiserechtshumors. Diese Sparte der Paragraphenreiterei scheint im Zeitalter der Reisegesellschaften und der Gesellschaftsreisen ein echter Wachstumsmarkt zu sein. Denn die zahlreichen Judikate belegen, dass es in diesem Sektor in der Rechtswirklichkeit offensichtlich nichts gibt, was es nicht gibt. Dabei steht im Mittelpunkt verständlicherweise der Wunsch von Reisenden, den Reisepreis zu reduzieren. Diesem Verlangen kommen einerseits die sog. Frankfurter Tabelle sowie der Mainzer Minderungsspiegel entgegen. Diese Orientierungshilfen für Gerichte, Anwälte und Reisende listen akribisch Urlaubsmalaisen und die fälligen Preisnachlässe auf. Sie sind deshalb ein Muss für jeden sparsam wirtschaftenden Touristen, der an die Finanzierung der nächsten Reise denkt. Andererseits seien Voreilige gewarnt. Denn die Gerichte entscheiden nicht nach einheitlichen Maßstäben. Sie berücksichtigen ferner die Landesgepflogenheiten, die Reisebedingungen sowie den Reisepreis. Deshalb kann es etwa vorkommen, dass es bei sechs Kakerlaken im Urlaubshotel in manchen Fällen Geld zurück gibt und in anderen nicht.

Ohne pekuniären Erfolg waren auch die folgenden Sachverhalte:

Das Amtsgericht Mönchengladbach verweigerte einem Paar „Schadenersatz wegen nutzlos aufgewendeter Urlaubszeit", obwohl es im Hotel zwei Einzelbetten statt wie vereinbart ein Doppelbett vorfand und sich der Mann dadurch in „seinen Schlaf- und Beischlafgewohnheiten empfindlich beeinträchtigt" fühlte. Die beiden Schlummerlager hätten sich, notgedrungen aneinandergestellt, zumal „auf rutschigen Fliesen" stehend, „bei jeder kleinsten Gelegenheit mittig" auseinander bewegt. Sex, so das Gericht, könne man auch auf einem Bett haben. Und kraft offensichtlich eigener Sachkunde konkretisierte es diesen Tatbestand wie folgt:

„Dem Gericht sind mehrere allgemein bekannte und übliche Variationen der Ausführung des Beischlafs bekannt, die auf einem einzelnen Bett ausgeführt werden können und zwar „durchaus zur Zufriedenheit aller Beteiligten." Aber selbst wenn ein fest verbundenes Bett erforderlich gewesen wäre, hätte der Kläger nur weniger Handgriffe bedurft und es wäre in wenigen Minuten zu erledigen gewesen, die beiden Metallrahmen mit einer festen Schnur mechanisch zu verbinden. Bis zur Beschaffung dieser Schnur hätte sich der Kläger „beispielsweise seines Hosengürtels" bedienen können, denn dieser wurde in seiner ursprünglichen Funktion in dem Augenblick nicht benötigt".

*(Amtsgericht Mönchengladbach, Urteil v. 25.4.1991 – Az 5a C 106/91, Neue Juristische Wochenschrift 1995 S. 884)*

Ein Urlauber hatte sich in einem anderen Fall darüber beschwert, dass der Getränkeausschank um 23.40 Uhr endete. Ferner monierte er die nicht ordnungsgemäßen Mischverhältnisse der Mixgetränke. In seinem Urteil wies der Richter darauf hin, dass der beklagte Reiseveranstalter in seinem Katalog kein besonderes Mischverhältnis versprochen habe. Auch die Öffnungszeiten der Hotelbar seien nicht Bestandteil des Reisevertrages gewesen.

*(Amtsgericht Kleve, Urteil v. 29.12.1998 – Az 3 C 584/ 98)*

„In Ferienorten mit Massentourismus müssen rülpsende Restaurantgäste auch in Luxushotels akzeptiert werden. Angewiderte Tischnachbarn haben keinen Anspruch auf Preisminderung."

*(Amtsgericht Hamburg, Urteil v. 7. 3.1995 – Az 9 C 2334/94)*

## II. Reisepreisminderung bei Schweizer Folklore statt karibischem Milieu

Etwas anderes gilt aber, wenn der Charakter der gebuchten Reise mit der tatsächlich stattgefundenen nicht übereinstimmt. Im Urteilsfall hatten die Kläger eine Karibik-Kreuzfahrt gebucht auf einer „schwimmenden Lady aus Griechenland", wie es im Prospekt hieß, die „Stil, Charme und Atmosphäre" garantieren sollte. Versprochen wurden ferner Folklore, Tanz, Misswahl und Kostümfest.

Demgegenüber verlief die Reise folgendermaßen:

Von den rund 560 Passagieren waren 500 Mitglieder eines Schweizer Folklorevereins, deren Reiseleiter in Abstimmung mit der Reederei auch die Verantwortung für das Unterhaltungsprogramm an Bord übernahm.

Das Gericht beschreibt dieses Programm so:

„Die Borddurchsagen über Lautsprecher in den einzelnen Kabinen erfolgten zumindest teilweise in Schwyzer Dütsch. Das lateinamerikanische Programm war entsprechend reduziert. Das Unterhaltungsprogramm für einen Tag sah laut Bordzeitung beispielhaft wie folgt aus: 9.30 Uhr Trachtentanz in der Galaxi Disco auf dem Sun-Deck, 10.00 Uhr Kapelle Echo vom Toedi beim Schwimmbad, ab 10.30 Uhr Folklore-Choerli in der Galaxi Disco auf dem Sun-Deck vorne, 20.15 Uhr rassige Unterhaltung mit den Dorfspatzen Oberaegeri beim Schwimmbad auf dem Jerusalem Deck hinten, 20.15 Tanz mit der Kapelle Echo vom Toedi im Mayfair Ballsaal auf dem Athens Deck hinten, 22.00 Uhr Kapelle Hans Muff in der Rendez Vous Bar, 22.00 Uhr gemütlicher Folkloreabend im Mayfair Ballsaal auf dem Athens Deck."

Blasmusik, Jodeln, Alphornblasen, Trachtentänze, Chörli-Singen in der Karibik: Die auf dieses Kreuzfahrtschiff verschlagenen anderen Reisenden, die sich Palmen, braunhäutige Schönheiten und karibische Musik von ihrer Flucht aus Europa erhofft hatten und sich dabei auf die Werbung der Veranstalter verließen, mussten 14 Tage lang das Gefühl haben, dass Wilhelm Tell der Kapitän sei und sie täglich einem Schweizer Trachtenhut ihren Gruß anbieten mussten.

Die betroffenen Reisenden verlangten vom Gericht eine Minderung des Reisepreises. Das Gericht hielt eine Minderung um 40 % für gerechtfertigt.

Aus den Gründen: Die Kreuzfahrt sei mit einem Reisemangel behaftet gewesen. Die Folklore aus der Schweiz sei eine erhebliche Abweichung von dem geschuldeten Kreuzfahrtprogramm. Bei einer Kreuzfahrt in die Karibik hätte davon ausgegangen werden können, dass es der Reiseroute angepasst sei, mit Palmen und südamerikanischen Rhythmen. Damit seien die durchgeführten Folkloreveranstaltungen der Schweizer Gruppen nicht zu vereinbaren.

„Diese mit Kuhglocken, Blaskapellen, Jodlern, Schweizer Dorfspatzen oder Trachtentänzen angereicherten Programme passen in die Gebirgswelt der Alpen, nicht aber in das Gebiet der Karibik und schon gar nicht auf ein Kreuzfahrtschiff, bei dem der Reisende dem einseitigen Treiben nicht ausweichen kann."

Besonders beeindruckt hat die Richter die Tatsache, dass ein schweizerischer Betreuer mit dem Namen Bruno auch noch für die Borddurchsagen in Schwyzer Dütsch zuständig war.

Zwar hat die Schiffsleitung dann den verzweifelten deutschen Passagieren einen „Luftschutzkeller" zur Verfügung gestellt, in dem sie dem alpenländischen Bombardement entgehen konnten. Sie hatten die Möglichkeit, sich in einen gesonderten Schiffsraum „mit Bar" zurückzuziehen.

Das Gericht: „Diese Ausgrenzung der deutschen Gäste und ihre Verweisung in einen eigenen Raum sei eine zusätzliche Beeinträchtigung gewesen."

*(Landgericht Frankfurt, Urteil v. 19. 4. 1993 – Az 2/24 S 341/92, Handelsblatt v. 7.9.1993 Nr. 172 S. 4)*

## III. Armbandtragepflicht inclusive bei All-Inclusive-Reisen?

Neben Kreuzfahrtreisen werden All-Inclusive-Reisen immer beliebter. Hier geht es zum einen um die Frage, welche Leistungen Bestandteil des Reisepakets sind. So musste ein Reiseveranstalter einem Griechenlandtouristen, der auf einer All-Inclusive-Reise nach Rhodos im Hotel Bier aus Plastikbechern statt – wie bezahlende Gäste – aus Gläsern trinken musste, einen Teil des Reisepreises zurückerstatten. Eine weitere Kürzung ergab sich, weil All-Inclusive-Touristen am Pool für Liegen extra zahlen mussten.

*(Amtsgericht Köln, Urteil v. 25. 3. 1998 – Az 136 C 496/ 97)*

Viel interessanter ist jedoch, ob diese Kategorie von Reisenden verpflichtet ist, ein Armband zu tragen, damit man sie von anderen Urlaubern unterscheiden kann. Das ist in der Rechtsprechung umstritten. Das Landgericht Frankfurt a. M. musste sich mit einem Fall auseinander setzen, bei dem das Armband sieben Zentimeter lang, 2,7 Zentimeter breit, knallgrün und mit dem Namen des Reisenden und des gebuchten Hotels versehen war. Dieses Armband konnte ohne Zerstörung seiner Substanz nicht geöffnet werden und war damit nur einmal verwendbar. In den Katalogen wurde auf diese Pflicht nicht hingewiesen. Nicht wenige Urlauber sehen im „Armbandzwang" eine gravierende Einschränkung ihrer Persönlichkeitsrechte. Da sich die Kläger weigerten, die Armbänder zu tragen, erhielten sie vom Hotel weder Mahlzeiten noch Getränke. Daraufhin zogen die Kläger in ein anderes Hotel und forderten die zusätzlichen Kosten zurück. Zu Recht, wie die Frankfurter Richter meinten. Denn vertraglich sei, was ohne weiteres möglich wäre, das Tragen des Armbands nicht vereinbart gewesen. Ferner führte das Gericht an:

„So stellt es bereits eine Beeinträchtigung dar, dass diese Armbänder weder zum Schlafen noch zum Waschen oder zum Sonnenbaden abgenommen werden können. Entgegen der Auffassung des Amtsgerichts kann aber in dem Tragen solcher Armbänder durchaus auch eine Beeinträchtigung des Persönlichkeitsrechts gesehen werden. Sinn dieser Kennzeichnung durch zu Beginn des Urlaubs fixierte, ohne Zerstörung nicht abnehmbare Armbänder ist es gerade, dem Hotelpersonal die Zuordnung unabhängig von persönlichen Merkmalen der Gäste zu erlauben. Es soll gerade erreicht werden, dass die individuelle Persönlichkeit hinter der Kennzeichnung zurücktritt."

„Denn eine solche Kennzeichnung mit einem äußerlichen Merkmal war und ist stets dann gebräuchlich, wenn es gerade nicht auf die Persönlichkeit des einzelnen Gekennzeichneten ankommt bzw. dieser nicht in der Lage ist, seiner Persönlichkeit Ausdruck zu verleihen. So ist z. B. eine solche Kennzeichnung bei Tieren üblich. Auch Säuglinge, die ihrer Persönlichkeit noch keinen Ausdruck verleihen können, werden zeitweise gekennzeichnet. Damit konnte die Beklagte ... bereits aus diesen Gründen das Tragen dieser Armbänder nicht verlangen."

*(Landgericht Frankfurt, Neue Juristische Wochenschrift 1997 S. 2246 f.; s. ferner Amtsgericht Baden-Baden, Neue Juristische Wochenschrift 1999 S. 1340 f.)*

Unter Hinweis auf diese Entscheidung hat auch das Amtsgericht Köln einem Urlauber einen Anspruch auf Minderung des Reisepreises zugesprochen. In dem Urteil heißt es, dass die Tauglichkeit einer Reise gemindert werde, wenn man von Touristen verlange,

„sich durch das Anlegen einer grünen Plastikmanschette wie Schafe an der Schur kennzeichnen zu lassen".

*(Amtsgericht Köln, Urteil v. 25.3.1998 – Az 136 C 496/ 97)*

Demgegenüber urteilte das Landgericht Köln, das Tragen eines Plastik-Armbands bei einer All-Inclusive-Reise verstoße nicht gegen die Menschenwürde des Pauschaltouristen und rechtfertige keine Preisminderung. Die Kennzeichnung entspreche dem Charakter dieser Pauschalreisen und sei hinzunehmen, da sie den Urlauber bei keiner Freizeittätigkeit behindere.

*(Landgericht Köln, Urteil v. 11.5.1999 – Az 11 S 216/98)*

# § 4 Verkehrsrechtshumor

# I. Münzampel und Staubescheinigung

Die mobile Gesellschaft beschäftigt nicht nur Reiserechtler. Sie bringt auch zahlreiche Lebenssachverhalte hervor, die unter die juristische Rubrik „Verkehrshumor" eingeordnet werden können.

Da die Deutschen zu den eher regelungswütigen Völkern gehören, nimmt es nicht wunder, dass Zeitgenossen gelegentlich nicht so ernst gemeinte straßenverkehrsrechtliche Vorschriften erfinden, die empfindliche Lücken schließen sollen. So verhält es sich auch mit den dreizehn Regeln über „Münzampel und Staubescheinigung", die das Straßenverkehrsrecht ironisch auf die Spitze treiben. Ausgangspunkt der rechtlichen Überlegungen ist, dass die freie Fahrt ein kostbares Gut ist, das aber für die öffentliche Hand unbezahlbar sei. Abhilfe soll nach dem Vorbild der Parkuhr die Münzampel schaffen.

„1. Die Münzampel steht grundsätzlich auf Rot. Sie kann aber durch Einwerfen von 5-DM-Münzen freigeschaltet werden, sofern nicht der Querverkehr seinerseits die Freischaltung durch Münzen anfordert. Treffen Freischaltungswünsche gleichzeitig ein, so wird die Vorfahrt durch fortwährendes Einwerfen von Münzen der jeweiligen Gegenseite ersteigert. Die Freigabe erfolgt nach einer halben Minute münzwurfloser Schaltwunschzeit in der Richtung, von der aus zuletzt eine Münze eingeworfen wurde.

2. Zu den verkehrsschwachen Zeiten ist eine gewisse Mindestwurfzahl an Münzen vorgesehen. Wird die Mindestwurfzahl nicht in zehn Sekunden Wurfzeit erreicht, bleibt die Ampel für alle Richtungen auf Rot. Sie kann erst nach einer Wartezeit von zehn Minuten erneut durch Münzeinwurf einem Umschaltversuch unterzogen werden. Bereits eingeworfene Münzen sind dann verfallen. Zum Münzeinwurf sind alle zur gleichen Zeit mit einem Schaltwunsch an der Kreuzung stehenden Autofahrer berechtigt.

3. Um den zügigen Automobilverkehr zu fördern, werden auf den Hauptverkehrswegen Infrarot-Fernbedienungsampeln installiert. Die für die Inbetriebnahme erforderlichen Chipkarten können bei allen Postämtern, Tankstellen und beim Bundesverkehrsministerium gekauft werden. Empfehlenswert im Sinne eines raschen Verkehrsgebühreneinzugs sind Chipkarten mit Wertbeträgen von 500 DM, 1000 DM und 5000 DM. Die Freischaltregelung der Infrarot-Fernbedienungsampeln entspricht im Übrigen der Regelung bei Münzampeln. Jeder Druck auf die Fernbedienung ist dem Einwurf einer Münze bei Münzampeln gleichgestellt.

4. Chauffeure, die vor einer Ampel ohne ausreichende Freischaltfähigkeit durch Geld oder Chipkarte angetroffen werden, werden mit dem Shreddern ihrer Fahrzeuge geahndet. Vom Shreddern befreit wird, wer die hinter ihm wartenden Automobil-Fahrer zum Betätigen der Münzampel beziehungsweise Fernbedienungsampel veranlassen kann. Die münzwurffreie Schalt-

wunschzeit kann im Einvernehmen mit örtlichen Vereinen auf bis zu zwei Minuten ausgedehnt werden. Zu einem späteren Zeitpunkt ist die Privatisierung der Münzampeln vorgesehen.

5. Bei Haltestellen öffentlicher Nahverkehrsmittel ist künftig das Abstellen der Fahrzeugmotoren bei Annäherung eines Straßenbahnzugs Pflicht. Ruhestörende Unterhaltung ist dem Autofahrer für die Zeit der Straßenbahnentleerung untersagt. Die Autofahrer haben auszusteigen, vor der sich öffnenden Straßenbahntür einen Teppich bis zum Bürgersteig auszurollen und den öffentlichen Fahrgästen über die Straße zu helfen. Zuwiderhandelnde werden nach den Vorschriften über unterlassene Hilfeleistung bestraft.

6. Wenn die Zeit für einen freundlichen Erfahrungsaustausch über die Vorzüge des öffentlichen Nahverkehrs reicht, haben die Autofahrer den Straßenbahngästen auf Verlangen kleine Erfrischungen zu reichen. Autofahrer müssen sowohl Bundesbahnfahrplan als auch Linienpläne des Nahverkehrs im jeweiligen Ort mit sich führen und auf Verlangen Auskunft geben.

7. An besonders wichtigen Verkehrsknotenpunkten werden im Sinne eines allgemeinen Demokratisierungsprozesses Sofort-Abstimmungen über die Vorfahrt öffentlicher Nahverkehrsmittel, wahlweise Individualverkehr, im jeweiligen Einzelfall eingerichtet. Dazu werden Wahlurnen neben dem Straßenbahnhalteschild aufgestellt. Es gilt das Mehrheitswahlverfahren. An kleineren Kreuzungen genügt die Besetzung mit Ombudsmännern.

8. Das Recht auf Teilnahme am Verkehrsstau auf Bundesstraßen und Bundesautobahnen wird verfassungsmäßig garantiert und als Familienbildungsmaßnahme begrüßt. Die allgemeine Zunahme von Verkehrsstaus macht es jedoch erforderlich, besondere Sicherheitsmaßnahmen zu ergreifen.

9. Künftig darf an Verkehrsstaus nur noch teilnehmen, wer über ausreichende Stauerfahrung verfügt. Es kann nicht Sinn einer Stauregelung sein, die Staubildung durch falsches, fahrlässiges und unerfahrenes Verkehrsverhalten ungebührlich abzukürzen.

10. Verkehrsteilnehmer, die an Staus teilzunehmen wünschen, müssen künftig die Stauprüfung ablegen und erhalten dann die mit den Ausweispapieren mitzuführende Staubescheinigung, die zum Verweilen in polizeilich angemeldeten und gesondert gekennzeichneten Verkehrsstaus berechtigt.

11. Verkehrsteilnehmer ohne Staubescheinigung müssen unverzüglich weiterfahren. Sie müssen durch Schwenken von Fähnchen, Einschalten des Fernlichts und lautes Hupen darauf hinweisen, dass ihnen kein Recht zur Teilnahme an Staus zusteht. Wer nicht stauberechtigte Verkehrsteilnehmer an der sofortigen Weiterfahrt hindert, kann mit dem Entzug der Staubescheinigung geahndet werden, im Höchstfall nicht unter drei Jahren.

12. Um Anstand und Moral auf öffentlichen Plätzen aufrechtzuerhalten, dürfen Stauberechtigte während der Zeit des Staus

im Fahrzeugfonds Gardinen anbringen und zuziehen. Als Gardine im Sinne der Verordnung genügen auch sehr dunkle Folien.

13. Stauberechtigte haben bei sich abzeichnenden Verkehrsverdichtungen unverzüglich abzubremsen und sich dem Stau anzuschließen. Grob fahrlässig handelt, wer im Besitz der Staubescheinigung ist und nicht zur Entstehung von Staus beiträgt. Er kann wegen unterlassener Hilfeleistung mit dem unwiderruflichen Entzug der Staubescheinigung sowie 3 bis 10 Punkten in der Bundesstausünderkartei Flensburg bestraft werden."

*(Claus Henninger, Frankfurter Allgemeine Zeitung v. 27.2.1995 Nr. 49 S. 13)*

## II. Können Pferde alkoholbedingte Schwächen eines Kutschers kompensieren?

In einem Land der Bier- und Weintrinker spielt natürlich der Alkohol im Straßenverkehr keine unbedeutende Rolle. Aber der vorangegangene Alkoholgenuss muss später nicht unbedingt bereut werden, wie die nachfolgenden Gerichtsentscheidungen belegen:

Ein Mann saß bei einer Polizeikontrolle mit 1,31 Promille Alkohol im Blut am Steuer ei-

nes abgeschleppten Wagens. Er wurde wegen Fahrens ohne Führerschein angeklagt. Das Oberlandesgericht Hamm hob die Verurteilung auf, weil sich in dem Tank des Autos kein Tropfen Benzin befand. Die Richter argumentierten, ohne Benzin sei das Auto kein betriebsfähiges Kraftfahrzeug und somit sei für den Fahrer auch kein Führerschein erforderlich.

*(Oberlandesgericht Hamm, Beschluss v. 7.1.1999 – Az 4 Ss 1081/98, Westfälische Nachrichten v. 13.8.1999 Nr. 187 S. 1)*

Pferdegespanne dürfen zwar ohne Führerschein geführt werden. Darf der Kutscher aber betrunken sein oder kommt es vielleicht gar nicht auf seinen Gleichgewichtssinn an? Das Amtsgericht Köln konzentrierte sich jedenfalls bei seinen Ausführungen weniger auf den Pferdelenker als vielmehr auf seine Pferde, die ihn erfolgreich aus der Bredouille befreien und einen Freispruch bewirken konnten.

„Dem Angeklagten wird vorgeworfen, am ... 1987 gegen 19.55 Uhr auf der F-Straße in K ein Pferdegespann geführt zu haben, obwohl er infolge Alkoholgenusses (BAK um 20.59 Uhr: 1,71 Promille) nicht in der Lage gewesen sei, das Gespann sicher zu führen. Aufgrund seiner Alkoholisierung habe sich nämlich eines der beiden vorgespannten Pferde im Geschirr verfangen und sei deshalb zu Fall gekommen.

Der Angeklagte bestreitet, den Sturz des Pferdes durch Fehler beim Lenken verschuldet zu haben. Nachdem die Pferde vor dem Unfall zunächst getrabt und dann auf seine entsprechende Zügelbewegung in den Schritt gefallen und schon eine Zeit lang in dieser Gangart gelaufen seien, sei das eine Pferd plötzlich aus unerklärlichen Gründen nervös geworden, sei mit den Hufen auf dem Pflaster ins Rutschen gekommen, wobei es sich im Geschirr verfangen habe.

Der Angeklagte war freizusprechen, weil nach den überzeugenden Ausführungen des Sachverständigen ein Fahrfehler des Angeklagten nicht nachzuweisen und eher unwahrscheinlich ist; ein Sturz des Pferds wie der vorliegende könne die verschiedensten Ursachen haben, aber kaum vom Lenker des Gespanns herbeigeführt werden.

Der Auffassung der Staatsanwaltschaft, dass der Angeklagte aufgrund des genossenen Alkohols absolut fahruntüchtig war, vermag das Gericht nicht beizutreten. Der von der Rechtsprechung für Radfahrer ermittelte Grenzwert von 1,7 Promille kann nicht ohne weiteres auf Lenker von Pferdegespannen übertragen werden. Die absolute Fahruntüchtigkeit von Radfahrern wurde im Rahmen von Fahrprüfungen ermittelt, bei denen es in erster Linie auf die Fähigkeit der Testperson ankam, bei Kreis- und Slalomfahrten nicht umzufallen; auf die entsprechenden Veröffentlichungen in BLUT-ALKOHOL 1982 und 1984 wird hingewiesen.

Bei Lenkern von Pferdegespannen kommt dem Gleichgewichtssinn eine geringere Bedeutung und nur insoweit zu, als der Kutscher in der Lage sein muss, sich auf dem Bock zu halten. Auch muss berücksichtigt werden, dass Pferde kraft der ihnen eigenen Intelligenz alkoholbedingte Schwächen des Kutschers in gewissen Umfang kompensieren können. Insoweit könnte erwogen werden, bei Lenkern

von Pferdegespannen eine BAK von mehr als 1,7 Promille zu tolerieren. Dagegen spricht, dass Pferde (anders als Fahrräder) schreckhaft auf Verkehrsvorgänge oder andere äußere Reize (z. B. Insektenstiche) reagieren können und dass die Fähigkeit des Fahrers, scheuende oder durchgehende Pferde wieder unter Kontrolle zu bringen, bei einer BAK von 1,7 Promille erheblich eingeschränkt sein dürfte. Statistisch oder experimentell gesicherte Erkenntnisse hierüber fehlen jedoch."

*(Amtsgericht Köln, Urteil v. 26. 5. 1988 – Az 708 Ds 172/87, Neue Juristische Wochenschrift 1989 S. 921)*

## III. Die halbclevere Manipulation eines Verkehrszeichens

Nachsichtig sind die deutschen Richter nicht nur bei Alkohol im Straßenverkehr. Sie haben ferner ein gewisses Verständnis, wenn ein Kraftfahrer ein Verkehrszeichen manipuliert, um einem Bußgeldverfahren zu entgehen. In diesem Falle fehlt es mindestens am Tatbestand der Urkundenfälschung.

Gegen den Angeklagten wurde ein Bußgeldverfahren wegen Überschreitung der zulässigen Höchstgeschwindigkeit von 30 km/h eingeleitet. Daraufhin fasste er den Entschluss, sich durch die Behauptung zu verteidigen, im Bereich der Messstelle sei eine zulässige Höchstgeschwindigkeit von 50 km/h ausgeschildert gewesen. Er ließ mehrere Klebefolien mit der Aufschrift 50 km/h fertigen und überklebte damit die mit 30 km/h ausgeschilderten Verkehrszeichen. Dann lichtete er sein Fahrzeug zu Beweiszwecken zusammen mit einem derart veränderten Schild ab und legte das Foto im Ordnungswidrigkeitsverfahren vor. Das Landgericht wollte den Angeklagten wegen Urkundenfälschung verurteilen. Demgegenüber stellte das Oberlandgericht Köln fest, dass Verkehrszeichen keine Urkunden sind, weil es u. a. an der Beweisfunktion fehle. Der Angeklagte hat aber gegen das Verbot der Unkenntlichmachung von Gefahrenzeichen verstoßen, eine Sachbeschädigung begangen und den Tatbestand der Amtsanmaßung verwirklicht.

*(Oberlandesgericht Köln, Neue Juristische Wochenschrift 1999 S. 1042 f.)*

Überhaupt sind Verkehrszeichen stets ernst zu nehmen. Insbesondere können sich Verkehrsteilnehmer nicht darauf berufen, sie hätten das Verkehrszeichen nicht wahrgenommen. Denn Rechtswirkungen äußern Verkehrszeichen schon dann, wenn sie so aufgestellt sind, dass sie ein „durchschnittlicher" Kraftfahrer bei Einhaltung der nach § 1 Straßenverkehrsordnung erforderlichen Sorgfalt schon „mit einem raschen und beiläufigen Blick" erfassen kann. Dabei ist es gleichgültig, ob der Verkehrsteilnehmer das Verkehrszeichen tatsächlich wahrnimmt oder nicht.

*(Entscheidungen des Bundesverwaltungsgerichts 102 S. 316, 318)*

Die Unmaßgeblichkeit der tatsächlichen Kenntnisnahme rechtfertigt sich etwa bei Wegfall von Erkennbarkeitshindernissen wie Schnee und Laub oder bei Hinabrollen eines fahrerlosen, auf abschüssiger Straße rechtmäßig abgestellten Pkw in den Bereich eines Halteverbots aus dem Gesichtspunkt der Sicherheit und Leichtigkeit des Verkehrs.

*(Oberverwaltungsgericht Nordrhein-Westfalen, Deutsches Verwaltungsblatt 1996 S. 575)*

# IV. Inline-Skates sind Fahrzeuge und keine ähnlichen Fortbewegungsmittel

Manchmal stellt sich aber für Verkehrsteilnehmer nicht die Frage, ob, sondern welche Verkehrszeichen zu beachten sind. Das gilt insbesondere für moderne Fortbewegungsmittel wie Inline-Skates, deren verkehrsrechtlicher Status umstritten ist. Hier ein Ausschnitt aus dem Meinungswirrwarr juristischer Überlegungen. So wird vertreten, Inline-Skater seien

– wie Fahrradfahrer zu behandeln,
– nicht in das geltende Recht einzuordnen,
– nach §§ 24 f. der Straßenverkehrsordnung zu beurteilen,
– auf Wegen verpflichtet, stets rechts zu fahren.

Welche Regeln einzuhalten sind, richtet sich letztlich danach, ob Inline-Skates Fahrzeuge sind. Das bejaht jedenfalls das Oberlandesgericht Oldenburg, das hierzu festgestellt hat:

„Die Inline-Skates erfüllen die Definition des Fahrzeugs, es sind nämlich Gegenstände, die zur Fortbewegung auf dem Boden geeignet sind. ... Gemäß §§ 1, 16 StVZO (§ 1 galt zur Unfallzeit noch) darf aber jedermann mit Fahrzeugen die öffentlichen Straßen benutzen. Nicht motorisierte Fahrzeuge sind damit gesetzlich ohne weiteres auf öffentlichen Straßen zugelassen. ... Die Klägerin war als Inline-Skaterin auch nicht auf die durch Verkehrszeichen für Sport und Spiel zugelassenen Straßen beschränkt. ... Wie bei anderen Sportgeräten, die in großem Umfang zu Fortbewegungszwecken eingesetzt werden, ist somit § 31 StVO auf Inline-Skates ... nicht anwendbar (anders mag diese bei „Kunststück-Übungen" etc. sein ...)."

Dass diese Auslegung allgemeiner Rechtspraxis entspricht, zeigt im Übrigen auch das Beispiel des Rennrads:

Es wird von Radsportlern allein zu Sportzwecken benutzt, wobei der Sport aber in Form der Fortbewegung im öffentlichen Verkehrsraum betrieben wird. Die Zulässigkeit dieser Betätigung ist, soweit ersichtlich, bislang von niemanden unter Berufung auf § 31 StVO in Frage gestellt worden (vgl. *Grams*, NZV 1997 S. 66).

„Die Klägerin durfte aber nicht gemäß §§ 24 Abs. 1, 25 Abs. 1 Satz 3 Halbsatz 2 StVO die linke Fahrbahn benutzen. Die Inline-Skates sind keine „ähnlichen Fortbewegungsmittel" i. S. von § 24 Abs. 1 StVO. ... „Ähnliche Fortbewegungsmittel" müssen nach Größe, Gewicht, bau- und benutzungsbedingten Fahreigenschaften ebenso wie die in der Vorschrift ausdrücklich aufgeführten Rollstühle, Roller, Kinderwagen etc. ungefährlich für den Fußgängerverkehr sein. ... Das ist bei Inline-Skates nur dann der Fall, wenn sie im gemeinsamen Verkehr mit Fußgängern im Schritttempo gefahren werden."

*(Oberlandesgericht Karlsruhe, NZV 1999 S. 44; Grams, NZV 1997 S. 65)*

„Inline-Skating ist aber technisch mit sicherer Balance nur dann möglich, wenn mehr als 6 km/h erreicht werden. Dabei können auch geübte Skater schlecht bremsen. ... Die durchschnittliche Geschwindigkeit erwachsener Skater entspricht ungefähr der von Radfahrern. ... Anders als Fußgänger benötigen Skater auch einen erheblichen Teil der Fahrbahn (nämlich eine Spurbreite von 1,30 m, *Vieweg*, NZV 1998 S. 1, 3) und können nicht auf unbefestigtem Nebengelände laufen oder dorthin durch einen Schritt zur Seite ausweichen."

Der 9. Zivilsenat des Oberlandesgerichts Oldenburg hat daraus verkehrsrechtlich folgende Schlussfolgerung gezogen und die Verpflichtung abgeleitet:

„In der Praxis würde die Einordnung in § 24 StVO also dazu führen, dass man eine ungefähr dem Radfahren entsprechende, aber deutlich schlechter steuerbare Fortbewegungsmethode auf Gehwege verbannt und sich darauf verlässt, dass entsprechend der dortigen Verkehrslage der Skater hinreichend rücksichtsvoll und langsam fährt, obwohl dies technisch ausgesprochen schwierig ist ..."

*(Oberlandesgericht Oldenburg, Neue Juristische Wochenschrift 2000 S. 3793)*

# V. Von wilden und motorsportlich organisierten Rennen

Öffentliche Straßen und Wege werden nicht nur für Skating-Zwecke genutzt. Gelegentlich wird von Motorsportclubs auch um eine Genehmigung für ein Autorennen, etwa als Wertungslauf für die Deutsche Rallyemeisterschaft nachgesucht. In diesem Falle ist die Rechtslage ziemlich eindeutig. Denn § 29 Abs. 1 Straßenverkehrsordnung lautet:

„Rennen mit Kraftfahrzeugen sind verboten."

Erläuternd heißt es in der Verwaltungsvorschrift zu dieser Bestimmung:

„Rennen sind Wettbewerbe oder Teil eines Wettbewerbs zur Erzielung von Höchstgeschwindigkeiten mit Fahrzeugen."

Gibt es aber für derartige Aktivitäten nicht doch noch ein Hintertürchen für motorsportlich organisierte Rennveranstaltungen?

Das Bundesverwaltungsgericht hat dies mit der folgenden Begründung verneint:

„Die generelle Aussage, dass Rennen mit Kraftfahrzeugen verboten sind, differenziert nicht zwischen wilden Rennen und motorsportlich organisierten Rennveranstaltungen. ... Solche Rennen sind und waren keineswegs eine bloße Ausnahmeerscheinung gegenüber wilden Rennen oder sonstigen von freien Veranstaltern durchgeführten Wettbewerben. Die Organisation eines Rennens erfordert in aller Regel einen hohen organisatorischen Aufwand. Dieser setzt Erfahrung und umfangrei-

che sachliche und persönliche Mittel eines Veranstalters voraus. Es muss daher davon ausgegangen werden, dass motorsportlich organisierte Rennen gerade der Regelfall von Rennen waren und sind, die auf öffentlichen Straßen stattfinden."

Ferner führte das Gericht aus:

„Es kann aber nicht bezweifelt werden, dass die Straßen üblicherweise für eine „angepasste" Fahrweise gebaut werden. Die Fahrer sollen nicht „bis an die Grenze gehen", wie es gerade der Zweck eines Autorennens ist."

*(Bundesverwaltungsgericht, Neue Zeitschrift für Verwaltungsrecht 1998 S. 1300 f.)*

Während Autorennen jeder Art auf öffentlichen Straßen stets verboten sind, ist bei dem Befahren von Gewässern mit Modellbooten zu differenzieren. So gehört der Betrieb von Modellbooten ohne eigene Triebkraft zum Gemeingebrauch. Falls ferngesteuerte Boote mit Elektromotoren oder methanolbetriebenen Verbrennungsmotoren verwendet werden, kommt es darauf an, ob damit ein „Stoff" im Sinne des Wasserhaushaltsgesetzes (WHG) in das oberirdische Gewässer eingebracht wird. Was aber ist ein Stoff?

„Der Begriff des „Stoffs", der im Wasserhaushaltsgesetz nicht näher bestimmt ist, ist weit zu verstehen ... und erfasst jede Materie, die vor dem Einbringen in das Gewässer nicht vorhanden war. ... In diesem Sinne stellt sich auch das Zuwasserbringen eines motorbetriebenen Modellbootes als Voraussetzung und Beginn des Befahrens eines Gewässers als Einbringen eines festen Stoffs dar. Soweit das Einbringen von Booten oder Schiffen in ein oberirdisches Gewässer nicht als eine Gewässerbenutzung nach § 3 Abs. 1 Nr. 4 WHG angesehen wird ... , beruht dies auf der Prämisse, das Zuwasserbringen solcher Wasserfahrzeuge stehe in untrennbarem Zusammenhang mit dem gemeingebräuchlichen Befahren der Gewässer oder der Ausübung der Schifffahrt. ... Das ist jedoch bei dem Befahren von Gewässern mit motorgetriebenen Modellbooten nicht der Fall. Mit solchen Booten werden weder Personen oder Sachen befördert."

„Der Gesetzgeber verstand unter den Stoffen i. S. des § 17a WHG z. B. auch Behelfsbrücken, Rampen oder Bojen und damit einheitlich bezeichnete Gegenstände, die aus mehreren Stoffen zusammengesetzt sind."

„Insoweit unterscheidet sich der Betrieb von motorbetriebenen Modellbooten auch vom Fahrenlassen von z. B. mechanisch aufziehbaren Spielzeugbooten ohne eigene Triebkraft durch Kinder oder vom Werfen eines Steins in ein Gewässer, wobei allenfalls unerhebliche Beeinträchtigungen der in § 1a Abs. 1 WHG genannten Belange auftreten können."

*(Verwaltungsgerichtshof München, Neue Zeitschrift für Verwaltungsrecht, Rechtsprechungsreport 2000 S. 422 f.)*

Modellboote sind folglich nicht nur der Stoff, aus dem die Träume vieler Hobbybastler sind, sondern auch ein rechtserheblicher Wasser-Stoff.

# VI. Knöllchen auch für Arme erschwinglich

Wer für besondere Anlässe keine wasser- oder straßenverkehrsrechtliche Genehmigung einholt oder wer verkehrsrechtliche Normen missachtet, begeht eine Ordnungswidrigkeit. Spätestens bei der Bezahlung könnte man aber auf folgenden rechtlich relevanten Gedanken kommen: Ist es erträglich, dass ein gut verdienender Porsche-Fahrer und ein arbeitsloser Familienvater beim Bußgeld in gleicher Höhe zur Kasse gebeten werden? Diesem brisanten Thema widmete sich der Staatsrechtslehrer, CDU-Politiker und ehemalige Vorsitzende des Rechtsausschusses des Bundestags, Rupert Scholz, mit der Erwägung:

„Was der eine aus der Portokasse zahlt, trifft den anderen ungleich härter."

Vor diesem Hintergrund schlug er vor, die Höhe des Bußgelds – wie im Strafrecht längst üblich – von der finanziellen Lage des Einzelnen abhängig zu machen, etwa einen Satz von 30 € Bußgeld je 1 000 € Einkommen festzulegen. Diese Anregung blieb selbstverständlich nicht unkommentiert. Die Frankfurter Allgemeine Zeitung publizierte die hier auszugsweise wiedergegebene Glosse:

„Dass dies uns zu erleben noch vergönnt ist! Dass ein deutscher Konservativer – und nicht etwa einer von diesen regierenden Sozis, die ja für ihre freiheits- und leistungsfeindliche Gleichmacherei bekannt sind –, dass also ein kerniger Christlicher Demokrat diese Mildtat für unsere ärmeren Mitbürger ersonnen hat, das gibt uns den Glauben wieder. Den Glauben daran, dass die große Volkspartei der Mitte, auf harter Oppositionsbank darbend, nichts, aber auch gar nichts unversucht lässt, um mit frischen Ideen wieder zurück an die Regierung zu gelangen.

Sage bloß niemand, mit seinem Vorschlag bediene sich Scholz altbackener Sozialneidklischees (gut verdienender Porsche-Fahrer gegen arbeitslose Familienväter), nein doch, weit gefehlt. So kurz vor Weihnachten und an diesem Menschenrechtsjahrestag spricht daraus nichts als christliche Menschenliebe, die Caritas mit den Schwachen dieser Welt. Das leuchtet im Licht des Sterns von Bethlehem doch jedem ein. Einen Mittellosen, der mit seinem struppigen Eselein oder dem wackligen Handkarren aus Versehen einmal mit neunzig Sachen bei Rot über die Ampel brettert, den kann man doch nicht so hart bestrafen wie diese notorisch kinderlosen Porsche verdienenden Besserfahrer! Was kann unser darbender Mitmensch, der sich von der Sozialhilfe und den Seinen vom Munde ein BMW-chen abgespart hat, was kann denn der dafür, wenn alle Parkplätze schon von Alleinstehenden-Porsches besetzt sind? Da kommt es doch einem Menschenrecht gleich, den Bürgersteig zu benutzen und damit auch seine Teilhabe an der bürgerlichen Gesellschaft einzufordern.

Professor Scholz hat ideologiekritisch entlarvt, dass der Spruch „Im Stau sind alle gleich" eben doch nur die wahren Verhältnisse, die Unrechtsverhältnisse verschleiert, wenn der Staat – Stamokap, staatsmonopolistischer Kapitalismus! – wieder einmal die Reichen laufen lässt und die Armen zur Kasse bittet. „Werft also ab die Knechtschaft, Verdammte dieser Erde! Habt Teil am Reichtum dieser Welt, oh Brüder! Rast los jetzt, dass es nach verbranntem Gummi stinkt! Fahrt Flensburg-Punkte ein, was der Armen-Opel hergibt! Holt euch, was einst des Porsche-Fahrers war, Knollen über Knollen. Das Bußgeld zahlt auch ihr dann aus der Portokasse, wenn überhaupt. Denn wird der Scholzsche Vorschlag richtig ernst durchdacht, dann gibt's 'nen Hunni 'raus noch für die Ärmsten unserer Armen."

*(Frankfurter Allgemeine Zeitung v. 11.12.1998 Nr. 288 S. 12)*

## VII. Die in Verkehr gebrachte Bärenleuchte ist kein Schmusetier

In der Juristerei wird der Begriff „Verkehr" für unterschiedliche Regelungsbedürfnisse verwendet. Neben der Teilnahme am Verkehr gewinnt auch das sicherheitstechnisch motivierte „In-Verkehr-Bringen" zunehmend an Bedeutung. Dabei steht die staatliche Sorge im Vordergrund, dass technische Arbeitsmittel bestimmten Anforderungen entsprechen müssen, damit sie bei bestimmungsgemäßer Verwendung keine Rechtsgüter der Benutzer gefährden.

Wie ist unter dieser Prämisse die Frage zu beantworten, ob eine ortsveränderliche Leuchte, die ein Tier darstellt (hier: „Bärenleuchte"), deshalb aufgrund ihres Aufbaus und der verwendeten Materialien von Kindern als Spielzeug angesehen werden kann und folglich das „In-Verkehr-Bringen" untersagt werden muss? Das Oberverwaltungsgericht Rheinland-Pfalz hat die Einordnung der Leuchte als Spielzeug mit der folgenden sachkundigen und einfühlsamen Begründung verneint:

„Bei einer Größe von ca. 30 cm ... , ca. 35 cm ... oder gar ca. 72 cm ... ist die bärenförmige Leuchte zu groß, um wie ein Spielzeugtier aus Plastik spielerisch (hin und her) bewegt zu werden, etwa in einem Zoo- oder Zirkusspiel oder als „Gegner" einer „Heldenfigur"; hinzu käme grundsätzlich die Bewegungseinschränkung durch das nur ca. 120 cm lange Zuleitungskabel . ... Auch als alleiniges Spielobjekt ist die Leuchte denkbar unattraktiv:

Die Form ist wenig gegliedert und sehr naturfern, ähnelt aber auch keiner „Comic-Version" eines Bären, „Gesichtszüge" fehlen (fast) völlig, Arme, Beine und Kopf sind nicht beweglich und die Leuchte „äußert" auch keinen Brummton oder Ähnliches. Aufgrund der Materialwahl – harter, unnachgiebiger Kunststoff – eignet sich die Leuchte aber auch nicht als „Schmusetier". Deshalb sind die Leuchten „Nicki-Bär 1 und 2" nach Einschätzung des Senats auch für Kinder ihrer Funktion nach eindeutig – gegebenenfalls dekorative – Lampen und damit Einrichtungsgegenstände und stellen sich insoweit nicht anders dar als mit Tiermotiven versehene Lampenschirme, Gardinenstoffe, Wanddekorationen oder Möbelstücke."

Mit diesen Argumenten war aber nicht die Behauptung aus der Welt, es sei zu erwarten, dass Kinder mit dieser Art von Leuchten auch „spielerisch umgehen". Als Beispiel nannte die Untersagungsverfügung eine feuchte Reinigung oder ein unter die Decke Mitnehmen in eingeschalteten Zustand. Diese Einwände kommentierte der Senat so:

„Die Gefahr einer feuchten Reinigung durch ein Kind existiert zudem bei sämtlichen „elektrischen Betriebsmitteln"... und die Gefahr, dass eine – nicht als „Schmusetier" verwendete – Leuchte „Nicki-Bär 1 oder 2" mit unter die Bettdecke genommen wird, etwa weil dort so auch noch nach Beginn der von den Eltern gewünschten Nachtruhe ein weiteres Lesen oder Spielen ermöglicht wird und weil das „bunte Licht" als solches attraktiv erscheint, besteht in gleicher Weise bei einer anderen ... „bunten" Leuchte."

„Deshalb würde es beispielsweise auch nicht genügen, wenn ein Kind „Hausputz" spielen und dabei verschiedene Einrichtungsgegenstände einschließlich einer Leuchte „Nicki-Bär 1 oder 2" feucht reinigen oder ein anderes Kind „Handwerker" spielen und Gegenstände ... mittels Werkzeugen in ihre Einzelteile zu zerlegen versuchen sollte. Auch dabei würde nämlich die Leuchte „Nicki-Bär 1 oder 2" nicht „aufgrund ihres Aufbaus oder der verwendeten Materialien" ... als Spielzeug angesehen."

*(Oberverwaltungsgericht Rheinland-Pfalz, Beschluss v. 22.12.1998 – Az 11 B 12931/98 OVG, Gewerbearchiv 1999 S. 118 f.)*

# § 5 Freizeitrechtshumor

# I. Die nicht befestigte Damenperlonsocke eines nackten Joggers

Nicht nur der Verkehrsbegriff als solcher ist juristisch vieldeutig. Auch die Themen Verkehr und Freizeit hängen auf vielerlei Weise zusammen, ohne dass diese Mehrdeutigkeit an dieser Stelle näher erläutert werden muss. Eine möglicherweise heitere Variante dieser Verbindung liegt dann vor, wenn einer Person verboten wird, sich nackt auf öffentlichen Flächen im Stadtgebiet aufzuhalten. Anlass für den nachfolgend zitierten Gerichtsbeschluss bot ein Jogger, der nur mit Turnschuhen und Socken bekleidet seinem Sport nachging, nachdem er entdeckt hatte, dass es keinen Paragraphen gebe, der das Nackt-Joggen untersagt. Denn zur Erregung öffentlichen Ärgernisses gehöre mehr als nur das nackte Dasein und sein Auftreten sei keine grob ungehörige Handlung. Außerdem habe er die Bewohner an seiner Laufstrecke mit Flugblättern an 6000 Haushalte „vorgewarnt". Aufgrund von Beschwerden und Hinweisen der Polizei bezüglich der Unzulässigkeit seines Verhaltens erklärte der Antragsteller:

„dass er sich peinlich genau an die Entscheidung der Antragsgegnerin vom 30.3.1999 halte und nur noch mit einer „hautfarbenen vollständigen Penisverhüllung" spazieren gehe oder jogge, wenn er im Übrigen unbekleidet ausgehe."

Diese Einlassung reichte dem Gerichtshof aber offensichtlich nicht aus, weil es den Tatbestand der Nacktheit selbst dann als erfüllt ansah, wenn der Antragsteller

„auch mit Gürtel und einem daran befestigten kleinen Handtuch über dem Geschlechtsteil"

durch die Gegend lief. Aber auch eine andere Bekleidungsalternative des Antragstellers fand nicht die Zustimmung der Richter:

„Dabei ist unerheblich, ob das Geschlechtsteil des Antragstellers völlig entblößt oder mit einer nicht befestigten Damenperlonsocke verhüllt ist, die den Blick auf das Geschlechtsteil oder Teile davon aufgrund des durchsichtigen Materials oder bei der Bewegung freigibt. Untersagt ist nach dem objektiven Erklärungsinhalt der Verfügung, dass die Passanten unfreiwillig den Schambereich des Antragstellers bei seinen Spaziergängen wahrnehmen können und der Schambereich damit auf sie nackt wirkt."

*(Verwaltungsgerichtshof Mannheim, Neue Juristische Wochenschrift 2003 S. 234 f.; Peter Knorr, „Nacktläufer", Verwaltungsblätter für Baden-Württemberg, Beilage zu Heft 4/2003 S. 13 ff.)*

## II. Das Opernentgelt schließt nicht den Operngenuss ein

Zur Kategorie des Freizeithumors gehört auch die Frage, ob ein zu spät kommender Opernbesucher Erstattung des Eintrittgelds und seiner Fahrtkosten verlangen kann, wenn er wegen seiner Verspätung erst in der Pause eingelassen wird und er deshalb von einer Teilnahme absieht. Hier die auszugsweise Antwort des Amtsgerichts Aachen:

„Steht aufgrund der obigen Erwägungen mithin fest, dass die Beklagte den verspäteten Kläger nebst Begleitung nicht einzulassen brauchte, so hat sie zunächst nicht aus Schadensersatzgesichtspunkten dem Kläger Fahrtkosten zu erstatten. Abgesehen davon kann eine Anfahrt nach A. schlechterdings nicht vergebens sein, insbesondere dann nicht, wenn sie von G. aus unternommen wird, und es steht auch keinesfalls fest, dass es dem Kläger nicht doch noch gelungen ist, an dem besagten Abend sich in der umliegenden Gastronomie oder den übrigen Unterhaltungsstätten der A.-Innenstadt einen vergnüglichen Abend zu machen.

Wesentlich schwieriger ist jedoch die hier vorrangig interessierende Frage zu beantworten, ob der nicht in den Genuss der Aufführung gekommene Kläger das Eintrittsgeld zurückverlangen kann. Ausgangspunkt der rechtlichen Überlegungen ist die Qualifizierung des Zuspätkommens als Auslöser der Leistungsstörung. Die Pflicht zum pünktlichen Erscheinen bei Aufführungsbeginn ist keine vertragliche Hauptpflicht, wie der Kläger zu Recht ausführt. Kein Inhaber einer Opernkarte muss sich der Aufführung tatsächlich aussetzen, was sich schon an der guten alten Tradition des „Opernschläfchens" erweist, einer sanktionslos möglichen Verweigerung des Kunstgenusses von schätzungsweise im Durchschnitt 10 % des Publikums. Richtigerweise ist das pünktliche Erscheinen des Opernbesuchers ähnlich wie das Antreten zu einer Operation, der Anprobe eines Maßanzugs oder einer Porträtsitzung auch keine Pflicht, sondern eine nicht klagbare reine Gläubigerobliegenheit, für die das Gesetz in § 642 BGB des Werkvertragsrechts eine besondere Regelung vorsieht. Unterlässt der Besteller einer Werkleistung eine Mitwirkungshandlung und kommt er dadurch in Gläubigerverzug, kann der Unternehmer eine angemessene Entschädigung „als summarische Abgeltung für das Bereithalten wirtschaftlicher Kraft" (Soergel, in: Münchener Kommentar, 2. Aufl., § 642 Rn. 9) verlangen.

Auf den konkreten Fall bezogen bedeutet das: Vereitelt der Opernkarteninhaber durch Zuspätkommen (oder aber, um das Beispiel zu Kontrollzwecken weiterzuführen, durch Einschlafen) das Zustandekommen des Werkes, nämlich zwar nicht der Aufführung als solcher, wohl aber der Interaktion zwischen Bühnenakteuren und lauschendem Publikum, darf der Veranstalter als billige Entschädigung für das Bereithalten eines geheizten und beleuchteten Saals sowie eines wohl präparierten Ensembles das vorausentrichtete Eintrittsgeld behalten. Wesentlich ist noch die Tatsache, dass der Annahmeverzug des Opernbesuchers im Rahmen des § 642 BGB nicht schuldhaft sein muss (Soergel, in: Münchener Kommentar, 2. Aufl., § 642 Rn. 5), es mithin nicht darauf ankommt, ob der Kläger möglicherweise Opfer der (absehbaren) Verzögerung bei seiner oder der Gattin Garderobenauswahl bzw. der (ebenso absehbaren) Parkplatznot in der Innenstadt von A. oder aber einer (unvorhersehbaren) Autopanne geworden sein sollte."

*(Amtsgericht Aachen, Urteil v. 24.4.1997 – Az 10 C 529/96, Neue Juristische Wochenschrift 1997 S. 2058)*

## III. Sind Bräunungsstudios ein sonntäglich erlaubtes Vergnügen?

Opern und Gaststättenbesuche sind in Deutschland deshalb privilegiert, weil sie sowohl werktags als auch an Sonn- und Feiertagen gestattet sind. Das kann man nicht von allen Dienstleistungen sagen, weil Ladenschlussgesetz, Arbeitszeitgesetz, Sonn- und Feiertagsgesetze sowie andere Bestimmungen das Freizeitvergnügen empfindlich regulieren. Ein Beispiel ist das Bräunen in Bräunungsstudios an Sonntagen auf Münzbasis. Hier ist nach der Rechtslage entscheidend, ob das Bräunen der seelischen Erhebung dient oder ob es zu den typischen werktäglichen Beschäftigungen und Bedürfnissen gehört (Art. 140 Grundgesetz i. V. mit Art. 139 Weimarer Reichsverfassung).

Aus dem bräunungsfreundlichen Urteil des Bundesverwaltungsgerichts ist folgende Passage lesenswert:

„Bräunungsstudios ermöglichen auch eine Sonn- und Feiertagsgestaltung. Ihren Benutzern geht es vornehmlich nicht nur darum, gegen Entgelt durch künstliche Bestrahlung eine gewünschte Körperbräune zu erwerben, sondern insgesamt um ein dem Genuss eines Sonnenbads entsprechendes Erlebnis. Insofern sind Bräunungsstudios eher den an Sonn- und Feiertagen im Allgemeinen geöffneten Badeanstalten als den an diesen Tagen geschlossenen Kosmetik- oder Haarpflegesalons vergleichbar."

(Bundesverwaltungsgericht, Urteil v. 25.8.1992 – Az 1 C 38/90)

Diese Argumentation ist allerdings für den Durchschnittssonnenhungrigen kaum nachvollziehbar. Worin besteht der besondere Genuss und das besondere Erlebnis, wenn sich ein Bürger auf eine zunächst kalte und harte Sonnenbank in einer engen, muffigen Kabine legt und sich über seinen Körper ein Bestrahlungsgerät befindet, das eher an einen hell erleuchteten Operationssaal erinnert?

## IV. Ein Kasten Bier ist kein Reisebedarf

Ein weiteres Beispiel für die Dienstleistungsrestriktion ist die im Ladenschlussgesetz festgeschriebene Klausel über den sog. Reisebedarf, der auch während der üblichen Ladenschlusszeiten an Reisende verkauft werden darf. Die beklagte Tankstelle verkaufte während der Ladenschlusszeiten kastenweise Bier. Die Käufer wurden bei Aushändigung des Kassenbons darauf hingewiesen, dass es sich um Reiseproviant handeln müsse. Eine entsprechende Bestätigung war auf dem Kassenbon aufgedruckt. Die Zulässigkeit des Verkaufs richtet sich danach, ob das in § 2 Abs. 2 Ladenschlussgesetz vorgesehene Merkmal „Lebens- und Genussmittel in kleineren Mengen" erfüllt ist.

"Der Senat ist mit dem Beklagten zwar der Ansicht, dass es vorliegend einer Haarspalterei über kleinere oder geringere Mengen nicht bedarf. Das führt aber zu keiner dem Beklagten günstigen Beurteilung. Denn ein Kasten Bier kann unter Berücksichtigung des Umstands, dass es sich hierbei um Reisebedarf handelt, weder als eine kleine noch als eine kleinere Menge angesehen werden. ... Der Begrenzung auf „kleinere Mengen" und dem Bezug auf „Reisebedarf" ist zu entnehmen, dass es sich um eine Menge handelt, die zum alsbaldigen Gebrauch und Verbrauch des Reisenden geeignet ist. ... Im Übrigen ist das Wort „kleinere" im Hinblick auf das Wort „klein" diminuitiv gebraucht. Daraus eine größere Menge zu machen, erscheint sprachlogisch als abwegig. Das Argument der Beklagten, Bier werde vorzugsweise kastenweise erworben, trägt hier nicht. ... Daraus kann aber nicht gefolgert werden, deshalb müsse es erlaubt sein, an Tankstellen während der allgemeinen Ladenschlusszeiten ... Bier und andere Getränke in der hier streitgegenständlichen Menge zu erwerben."

*(Oberlandesgericht München, Urteil v. 17. 9. 1998 – Az 6 U 1928/98, Gewerbearchiv 1999 S. 82 f.)*

# V. Vom Wettsaufen mit und ohne Saufmaschine

Wenn man schon nicht kastenweise Bier während der Ladenschlusszeiten kaufen darf, darf man dann wenigstens an einer Ballermann-Party mit einem Wettsaufen teilnehmen? Worum geht es hier? Lassen wir Fachleute sprechen, die tagtäglich mit dem Vollzug des Gewerberechts befasst sind:

„Bei der Kontrolle einer in der Tagespresse ausgeschriebenen „Ballermann-Party" ist festgestellt worden, dass Sangria mit exotischen Früchten und Bacardi gemischt wurde. Die fertige Mischung sei an die Gäste entweder in einem 1-Liter-Glaskrug oder in einem 5-Liter-Plastikeimer abgegeben worden. Die Gäste hätten je nach Bedarf einen ca. 0,5 Meter langen Trinkhalm erhalten. Verschiedentlich sei zum Ende der jeweiligen Veranstaltung ein sog. „Wettsaufen" veranstaltet worden. Das zuständige Landratsamt kam zu dem Ergebnis, dass unter Umständen § 4 Abs. 1 Nr. 1 GastG sowie § 5 GastG berührt sein könnten, wenn derartige Veranstaltungen Wettbewerbscharakter aufweisen."

„Diese Auffassung wird geteilt. Die Frage von gaststättenrechtlichen Maßnahmen gegen „Kampftrinken" und „Wettsaufen" war bereits Thema der 16. GAT („Goaßmaß-Trinken in Gaststätten") ... Bei der Goaßmaß handelt es sich um ein Mischgetränk aus Bier, Cola und Cognac, Kirsch- oder Weinbrand. ... Noch stärkere Getränke werden unter der Bezeichnung wie „Stiermaß" oder „Betonmaß" ... angeboten. Dazu wurden in einigen Gaststätten noch Wettbewerbe im Schnelltrinken mit Verleihung von Siegerurkunden veranstaltet, teilweise Mannschaftswettbewerbe mit sog. Saufmaschinen (z. B. bestehend aus einem Kupferring mit fünf daran befestigten Schläuchen, mit deren Hilfe die Mitglieder einer Mannschaft gleichzeitig einen Maßkrug möglichst schnell austrinken).“

*(Michael Pinegger/Hans-Peter Craußer, Aktuelle Fragen des Gewerberechts, Gewerbearchiv 1998 S. 465, 469)*

# § 6 Karnevalsrechtshumor

# I. Ist eine Terminierung am 11.11. um 11 Uhr 11 zulässig?

Das Trinken von Alkohol ist zwar auch wesentlicher Bestandteil der Karnevalssaison. Seine rechtserheblichen Folgen stehen aber nicht im Mittelpunkt der inzwischen unübersehbaren sog. Karnevalsrechtsprechung.

*(S. etwa Helmut Proppe, Jux oder Jus im Karneval, Juristische Arbeitsblätter 2001 S. 174 ff.)*

Eigentlich sollte die Fasnachts-, Fasnet- oder Faschingszeit dem Frohsinn dienen und Heiterkeit verbreiten. Juristisch gesehen handelt es sich jedoch bei den Erscheinungsformen der fünften Jahreszeit eher um eine ernste Angelegenheit, die kaum Spaß verträgt. Vielmehr gilt der Grundsatz „Aschermittwoch geht's bei den Juristen erst richtig los". Chronologisch geordnet existieren folgende Problemfelder:

Liegt eine Besorgnis der Befangenheit vor, wenn ein Familienrichter zu Faschingsbeginn am 11.11. um 11 Uhr 11 terminiert? Eine Beteiligte zog aus dieser Terminwahl den Schluss, dass der Familienrichter die Rechtssache nicht ernst nehme und beschwerte sich. Das Oberlandesgericht München befand:

„Dass der abgelehnte Richter sich wegen der Dienstaufsichtsbeschwerde so ärgert, dass er nicht mehr unbefangen sein kann, kann gerade bei der Art von Humor, die der Richter – ob passend oder unpassend – bei der Terminierung gezeigt hat, ausgeschlossen werden.

Eine Terminierung auf den 11.11. 11.10 Uhr wäre sicher auch von der Beklagten nicht beanstandet worden. Wenn sich der Richter denn einen kleinen Scherz erlaubt – auch wenn die Beklagte dies nicht so empfindet – und auf 11 Uhr 11 terminiert, so ist das für eine vernünftig denkende, gelassene Partei kein Grund, an der Unvoreingenommenheit des Richters in der Sache selbst zu zweifeln. Die Annahme, dass der Richter mit der Terminierung auf 11 Uhr 11 die Beklagte veräppeln wollte, ihre Menschenwürde mit Füßen getreten hat und den Streit als närrisch empfindet – wie die Beklagte meint – ist abwegig. Derartige Überempfindlichkeiten können im Ablehnungsverfahren nicht berücksichtigt werden. Etwas Humor, zumindest aber Gelassenheit, kann auch von den Streitparteien einer Familiensache erwartet werden."

*(Oberlandesgericht München, Beschluss v. 10.12.1999 – Az 26 AR 107/99, Neue Juristische Wochenschrift 2000 S. 748)*

Diesem Beschluss wurde kritisch entgegen gehalten:

„Wenn schon Regeln über angemessenes Verhalten in gerichtlichen Verfahren aufgestellt werden und zu beachten sind, dann müssen sie für Parteien und Richter gleichermaßen verbindlich sein. Zweierlei Maß gilt nicht! Sonst könnten bezogen auf den Ausgangsfall, die Beklagte und ihr behindertes Kind am 11.11. um 11 Uhr 11 auch mit aufgesetzten Narrenkappen zum Termin erscheinen."

*(Egon Schneider, Neue Juristische Wochenschrift 2000 S. 708 f.)*

## II. Karneval aus steuerrechtlicher Perspektive

Sind Karnevalsaktive steuerrechtlich Unternehmer und Künstler?

Der Bundesfinanzhof urteilte, dass Karnevalsprinzen Unternehmer und ihre Bemühungen um die Pflege des Frohsinns nicht der Privatsphäre zuzuordnen sind. Das gilt zumindest dann, wenn der Prinz, wie üblich, zur Finanzierung seines Amts eine „Prinzenbroschüre" herausgibt und in dieser gegen Entgelt Werbeanzeigen veröffentlicht. Im Einzelnen führte das Gericht aus:

„Der Karnevalsprinz übt durch die Akquisition von Werbeanzeigen und deren entgeltliche Veröffentlichung in der Prinzenbroschüre sowie durch den Verkauf derselben „eine selbständige, nachhaltige Tätigkeit zur Erzielung von Einnahmen aus". Trotz der kurzen Karnevalssaison ist seine Tätigkeit nachhaltig und deshalb unternehmerisch, weil der Prinz „innerhalb der kurz bemessenen Zeit durch die Akquisition der großen Anzahl von Werbeanzeigen planmäßig, wiederholt und intensiv am Marktgeschehen teilnimmt".

Es gibt auch einen objektiven und erkennbaren wirtschaftlichen Zusammenhang der Aufwendungen des Prinzen und seiner Tätigkeit als Akquisiteur der Anzeigen. Bei der Aufgabe von Werbeanzeigen in der Festschrift des Karnevalsprinzen bedingen sich der Zweck der Werbung und der Sponsorenwille gegenüber dem Prinzen gegenseitig und sind so eng miteinander verflochten, dass sie als Einheit anzusehen sind.

Die vom Prinzen in Ausübung seines Amts bezogenen Leistungen sind wirtschaftlich seinem unternehmerischen Bereich zuzuordnen, was auch für Bewirtung und Empfänge gilt. Zwar ist die Verpflegung grundsätzlich der umsatzsteuerrechtlich irrelevanten Privatsphäre des Unternehmers zuzurechnen. Ein Leistungsbezug „für sein Unternehmen" ist aber zu bejahen, wenn es sich um Bewirtung für Zwecke des Unternehmens handelt. Spendiert der Prinz eine Lokalrunde Bier, dann ist das also ein Leistungsbezug für sein prinzliches Unternehmen.

Ein umsatzsteuerpflichtiger „Eigenverbrauch" des Prinzen an Bekleidung und Ausstattung ist dagegen zu verneinen, weil Karnevalskleidung eben nur im Karneval getragen werden kann. Auch dass erfahrungsgemäß die Auftritte eines Karnevalsprinzen, „in nicht ganz unwesentlichem Maße der Befriedigung des privaten Repräsentationsbedürfnisses dienen, rechtfertigt es nicht, die Verwendung der Bekleidung, Ausstattung und des Wagens als Eigenverbrauch zu erfassen." Eine Aufteilung der Aufwendungen nach privaten und unternehmerischen Zwecken, wie bei der Einkommensteuer möglich, kennt die Umsatzsteuer nicht."

*(Bundesfinanzhof, Urteil v. 27.10.1993 – Az XI R 86/90)*

Nicht so spendabel war das oberste Finanzgericht gegenüber einem Büttenredner, der Verluste aus der Anerkennung als „künstlerische Tätigkeit" in die karnevalsfreie Zeit retten wollte. Der Bundesfinanzhof lehnte die steuerrechtliche Geltendmachung unter Verweis auf die Vorinstanz ab. Denn das Finanzgericht Köln hatte festgestellt, dass der Kläger seine für ein Jahr verfasste Büttenrede auf etwa 80 bis 125 Veranstaltungen vorgetragen hat. Es hat ferner angeführt, auch wenn der Kläger seine Rede in Mundart und humorvoller Weise gehalten habe, so habe er doch jeweils nach einer bestimmten Redeschablone gearbeitet.

*(Bundesfinanzhof, Urteil v. 26.2.1987 – Az IV R 105/85)*

## III. Zur Problematik des Schlipseabschneidens an Weiberfasnacht

Ein Höhepunkt in der Karnevalszeit ist die sog. „Weiberfasnacht". An diesem Tag existiert u. a. die Gepflogenheit, dass Frauen den Männern die Schlipse abschneiden. An diesem karnevalistisch traditionsreichen Tag betrat der gepflegt gekleidete und eine Krawatte tragende Kläger das Reisebüro eines Einkaufszentrums. Er wollte danach eine geschäftliche Verabredung zum Abschluss einer Transportversicherung wahrnehmen. Als der Kläger das Reisebüro betreten hatte, trat die Beklagte auf ihn zu und schnitt ihm, ohne den Kläger zu fragen, die Krawatte ab. Das Amtsgericht hat die Beklagte zur Zahlung von 40 DM verurteilt. Weshalb? Die Gründe sprechen für sich:

„Die Beklagte hat das Eigentum des Klägers an der Krawatte verletzt und damit den objektiven Tatbestand des § 823 Abs. 1 BGB verwirklicht. Dieses Verhalten ist auch rechtswidrig gewesen. Dabei kann dahinstehen, ob aus Gründen der Sozialadäquanz, des verkehrsrichtigen Verhaltens ausnahmsweise die Rechtswidrigkeit der Eigentumsverletzung nicht indiziert wird, da die Beklagte bei ihrem Tun unstreitig bewusst und damit vorsätzlich hinsichtlich des objektiven Tatbestands gehandelt hat. In diesem Falle ist es aber nach der herrschenden Rechtsprechung, der sich das Gericht anschließt, unzweifelhaft, dass nicht aus Gründen der Sozialadäquanz dem verwirklichten Erfolg der Unrechtsgehalt abgesprochen werden kann. Rechtfertigungsgründe standen im Übrigen der Beklagten nicht zur Seite. Unstreitig geschah die Zerstörung der Krawatte ohne Einwilligung des Klägers. Auch für die Annahme einer mutmaßlichen Einwilligung ist kein Raum. Denn eine mutmaßliche Einwilligung im Zivilrecht kommt nur dann als Rechtfertigung in Betracht, wenn das betroffene Opfer nicht in der Lage ist, ausdrücklich die Einwilligung selbst zu erklären. Dies ist aber offensichtlich nicht der Fall gewesen."

*(Amtsgericht Essen, Urteil v. 3.2.1998 – Az 20 C 691/87, Neue Juristische Wochenschrift 1989 S. 399)*

Apropos „Weiberfasnacht". Hinsichtlich dieses Tags wird moniert, es sei keine größere Diskriminierung des männlichen Geschlechts denkbar, wie sie an diesem Tage vorkomme. Der Jurist Helmut Proppe schreibt hierzu:

„... Dabei heißt es ausdrücklich in Artikel 3 Abs. 2 Satz 1 des Grundgesetzes, dass Männer und Frauen gleichberechtigt sind, und in Absatz 3 Satz 1, dass niemand wegen seines Geschlechts benachteiligt werden darf. Versuchen Sie aber einmal als Mann an Weiberfastnacht in eine Damensitzung hineinzugelangen! Dafür werden sie aber schon am Morgen an Weiberfastnacht oder am „schmutzigen Donnerstag", wie es in südlichen Regionen heißt, das Opfer einer Straftat nach § 303 Strafgesetzbuch (vorsätzliche Sachbeschädigung). Ohne Rücksicht auf Verluste verliert Ihr mehr oder weniger wertvoller Schlips nach und nach an Länge. Es heißt zwar, die Tat sei nicht rechtswidrig, weil von einer Einwilligung des betroffenen Manns auszugehen sei. Nach einer Einwilligung gefragt hat mich aber noch niemand. Allerdings werden die Männer anschließend auch sofort besänftigt. Denn die einfache Sachbeschädigung wird nur auf Strafantrag des Verletzten hin verfolgt, den die Damen regelmäßig mit obligatorischem Kuss nach vollbrachter Tat zu verhindern wissen. Im Übrigen: Auch in diesem Zusammenhang muss man fragen, ob die Männer nicht diskriminiert werden. Denn umgekehrt gibt es bei den Damen nichts abzuschneiden, also wieder eine Benachteiligung der Männerwelt ohne sachlich gerechtfertigten Grund. Wenn schon das Bundesverfassungsgericht sich dieser Problematik nicht annimmt, wird das sicher demnächst der Europäische Gerichtshof tun, der sich ja in alles hineinmischt. Feige ist übrigens der Mann, der auf Weiberfastnacht eine Fliege trägt."

*(Helmut Proppe, Juristische Arbeitsblätter 2001 S. 174 f.)*

## IV. Lärm an Karneval ist ein seltenes Störereignis

Karneval ist mit Lärm verbunden. Deshalb besteht Klärungsbedarf dahin, was den Anwohnern zumutbar ist, wobei auch regionale Besonderheiten zu berücksichtigen sind. Das hat das Verwaltungsgericht Koblenz deutlich gemacht. Danach können Karnevalsfeiern Vorrang vor dem Wunsch nach einer ungestörten Nachtruhe haben. Insbesondere im Rheinland sei der Karneval ein wesentlicher Bestandteil des heimatlichen Brauchtums, weshalb auch ein Interesse der Allgemeinheit an der Durchführung der Veranstaltungen bestehe.

*(Verwaltungsgericht Koblenz, Beschluss v. 1. 2. 2002 – Az 1 L 141/02, Juristische Schulung 2002 Heft 5 S. XXXII)*

In diese Richtung votierte auch das Verwaltungsgericht Frankfurt hinsichtlich der Lärmbelästigung durch Fastnachtsumzüge. Der dazu ergangene Leitsatz lautet:

„Die mit einem drei- bis vierstündigen Fastnachtsumzug einhergehenden Geräuschimmissionen sind schon wegen ihrer kurzen Dauer nicht geeignet, schädliche Umwelteinwirkungen i. S. des § 3 Abs. 1 des Bundesimmissionsschutzgesetzes herbeizuführen. Dabei eventuell auftretende Lärmspitzen von über 70 dB (A) sind hinzunehmen."

Um eventuellen Missverständnissen über die Bedeutung und den Rang von Fastnachtsumzügen vorzubeugen, stellte das Gericht ferner unmissverständlich fest:

„Denn mit der Ausrichtung des Fastnachtumzuges und der Begleitveranstaltung wird eine hoheitliche Aufgabe im Bereich der örtlichen Daseinsvorsorge vorgenommen."

*(Verwaltungsgericht Frankfurt, Beschluss v. 12. 2.1999 – Az 15 G 401/99 (V), Neue Juristische Wochenschrift 1999 S. 1986 f.)*

# V. Karnevalsumzüge sind gefährlich

Karnevalsumzüge sind nicht nur geräuschsintensiv, sondern auch gefährlich. Das liegt u. a. daran, dass die Messlatte für das entschädigungslos hinzunehmende Lebensrisiko von den Gerichten während der närrischen Zeit höher gehängt wird. So verweigerte etwa das Amtsgericht Eschweiler einer Klägerin die Zahlung von Schmerzensgeld, obwohl sie während eines Umzugs von einem Karnevalswagen aus mit einer zu einem „eisharten Geschoss erfrorenen Tulpe" beworfen worden war und dadurch eine Augenverletzung erlitt. Das Amtsgericht wörtlich:

„Sozial übliches, allgemein geduldetes, anerkanntes und sogar gefördertes Verhalten wie das Werfen kleiner, nicht grundsätzlich gefährlicher Gegenstände von einem Karnevalszug in die Zuschauermenge ist erlaubt. Die hiervon ausgehenden Gefahren sind nämlich relativ gering, diese Art der Vergnügung gehört zu altem rheinischen Brauchtum, und schließlich kann sich jeder Zuschauer wirksam dagegen schützen."

*(Amtsgericht Eschweiler, Urteil v. 3.1.1986 – Az 6 C 599/85, Neue Juristische Wochenschrift, Rechtsprechungsreport 1986 S. 576; Landgericht Trier, Urteil v. 7.2.1992 – Az 1 S 150/94)*

Sofern die Karnevalsumzüge nicht sonntags, sondern am so genannten Rosenmontag stattfinden, ergeben sich hinsichtlich einer eventuellen Arbeitsfreistellung ernsthafte arbeitsrechtliche Probleme. Hier stellt sich nämlich die Frage nach regionalem oder örtlichem Gewohnheitsrecht und nach der Übung des Arbeitgebers. Er darf nach Ansicht des Bundesarbeitsgerichts von der langjährigen Gewährung einer solchen Vergünstigung abrücken, weil sie nicht ohne weiteres Vertragsinhalt geworden ist.

*(Bundesarbeitsgericht, Neue Juristische Wochenschrift 1993 S. 2333)*

# § 7 Dienst- und Arbeitsrechtshumor

# I. Ohrschmuck und Lagerfeld-Zopf im Dienst

Die arbeitsrechtlich motivierte Rosenmontagsrechtsprechung bildet den Übergang zum allgemeinen Arbeits- und Dienstrechtshumor. So musste sich die höchstrichterliche Rechtsprechung schon häufiger mit der Haar- und Barttracht sowie dem Tragen von Ohrschmuck bei uniformierten Polizisten und Soldaten auseinander setzen. Beispielsweise nahm das Bundesverwaltungsgericht an, dass ein Irokesenhaarschnitt eines Soldaten weder unter dem Gesichtspunkt der Hygiene noch einer Beeinträchtigung der Funktionsfähigkeit der Bundeswehr zu beanstanden sei.

*(Bundesverwaltungsgericht, Urteil v. 14.4.1983 – Az 2 WDB 1/83, Zeitschrift für Beamtenrecht 1983 S. 342 f.)*

Der Verwaltungsgerichtshof Kassel befand, die dienstliche Weisung an einen Polizeibeamten, während des Dienstes keinen „Lagerfeld-Zopf" zu tragen, könne nur im Wege eines Haarschnitts befolgt werden. Durch diese Besonderheit unterscheide sich dieser Fall von dem im Ergebnis gebilligten Verbot, zu einer Uniform Ohrstecker zu tragen. Da es sich bei dem Zopf nicht um ein jederzeit problemlos abzulegendes Accessoire handle, werde auch die private Lebensführung betroffen.

„Der Antragsgegner hat sich jedoch zur Begründung der angefochtenen Anordnung gerade nicht darauf berufen, die Haartracht des Antragstellers beeinträchtige seine Einsatzfähigkeit und damit die sachgerechte Erfüllung der Aufgaben der Vollzugspolizei. ... Das ist im Übrigen auch schwerlich vorstellbar; denn der Antragsgegner setzt – wie allgemein bekannt ist – eine wachsende Zahl von uniformierten Polizistinnen mit unterschiedlichen Haarfrisuren ohne weiteres auch im Streifendienst und bei der Verbrechensbekämpfung ein."

„Die einheitliche Dienstkleidung soll sicherstellen, dass der Beamte sichtbar in Wahrnehmung einer staatlichen Funktion auftritt. ... In diesem Zusammenhang trägt der Antragsgegner jedoch keine sachlichen Gründe vor, aus denen der Antragsteller durch den Lagerfeld-Zopf als besonderes Erscheinungsbild seiner Person daran gehindert sein könnte, seine staatliche Funktion angemessen zu repräsentieren und auszuüben."

*(Verwaltungsgerichtshof Kassel, Beschluss v. 16.11.1995 – Az 1 TG 3238/95, Neue Juristische Wochenschrift 1995 S. 1164)*

Ähnlich argumentiert das Bundesverwaltungsgericht hinsichtlich des Begehrens eines uniformierten Polizeibeamten, dass er nicht verpflichtet sei, seine Haare bis auf Hemdkragenlänge zu kürzen und während der Dienstzeit keinen Ohrschmuck zu tragen. Dabei legte der Senat die „Leitlinien zum Erscheinungsbild von Polizeivollzugsbeamten" sowie die „Anzugsbestimmungen für die Beamten der Bayerischen Polizei" zugrunde. Im Einzelnen hielt das Gericht fest:

„Die Befugnis des Dienstherrn, das äußere Erscheinungsbild der Träger von Dienstkleidung zu regeln, insbesondere das Tragen von persönlichen Accessoires und die Gestaltung der Haartracht einzuschränken, ist noch enger begrenzt. Das gilt vor allem, wenn sich die Einschränkungen nicht – wie bei Schmuckstücken – allein auf die Dienstzeit erstrecken, sondern – wie beim Kürzen der Haare – unausweichlich auf die Privatsphäre fortwirken. Das Tragen von Ohrschmuck zur Dienstkleidung männlicher Uniformträger kann der Dienstherr namentlich nicht allein deshalb verbieten, weil er es für unpassend, unästhetisch oder nicht schicklich hält. ... Für das Kürzen der Haare trifft dies erst recht zu."

„Die allein maßgeblichen Anzugsbestimmungen enthalten – mit Ausnahme der in Abschnitt III Nr. 1. 6 Abs. 2 zugelassenen Trauerzeichen – keine Bestimmungen über Accessoires zur Dienstkleidung. Sie regeln ebenso wenig die Haarlänge uniformierter Polizeivollzugsbeamter."

*(Bundesverwaltungsgericht, Urteil v. 15.1.1999 – Az 2 C 11/98, Neue Juristische Wochenschrift 1999 S. 1985 f.; siehe zur Problematik der erotisierenden Kleidung im öffentlichen Dienst Erwin Quambusch, Recht im Amt, 2003 S. 1 ff.)*

## II. Kein Raum für den militärischen Seesack

Dienstherren haben offensichtlich nicht nur bei Bekleidungs-, sondern auch bei Ausrüstungsgegenständen Accessoire-Probleme. Sie sind während der Wehrüberwachung in einem See-sack zu verstauen, den die Soldaten üblicherweise bei sich zu Hause aufbewahren. Davon wollte der Kläger, ein Oberfeldwebel, befreit werden. Da die Wehrbereichsverwaltung dieses Ansinnen ablehnte, kam es zu einem Rechtsstreit, dem die folgenden Passagen entnommen sind:

„Zum „Umfang" des Streitobjekts teilt die Beklagte mit, das Behältnis wiege 16 kg, sei 45 cm breit und 60 cm hoch, der Name des Behältnisses sei Seesack. Es handele sich hierbei um ein besonders Platz sparendes Behältnis. Seine Form sei nämlich rund, weshalb im Vergleich zu einem quaderförmigen Behältnis an den Ecken viel Platz gespart werde. Aufgrund der Größe und des Gewichts des Seesacks sei eine Unterbringung desselben nicht nur in der kleinsten Hütte möglich, sondern auch in der Wohnung des Klägers. Dies könne gegebenenfalls anlässlich eines Ortstermins festgestellt bzw. nachgewiesen werden.

Dieser Schriftsatz hat die Klägerseite zu folgender Replik veranlasst: „Wie die Beklagte mitteilt, wiegt das zu verwahrende Behältnis 16 kg. Es weist damit das stolze Gewicht eines Bierkastens auf. So wie man einen Bierkasten ungern im Wohnzimmer oder Schlafzimmer herumstehen hat, ist auch die Aufbewahrung des militärischen Seesacks unzumutbar. Mit einer Höhe von 60 cm erreicht der Sack annähernd die Höhe des Richtertisches; die Breite von 45 cm gibt dem Seesack ein massives und kompaktes Aussehen. Als olivgrüner Staubfänger steht er ständig im Wege, wirkt äußerst störend und ist der Behaglichkeit abträglich. Eine Unterbringung im Schrank scheitert an den Ausmaßen. Für einen Schrank mit Regalbrettern ist der von der Beklagten als „besonders platzsparendes Behältnis" gepriesene Seesack zu groß; bei einer Aufbewahrung im Kleiderschrank behindert es die auf Bügeln hängenden Kleidungsstücke.

Es bleibt danach bei der von uns bereits in den bisherigen Schriftsätzen vorgenommenen Bewertung. Wenn auch, wie die Beklagte vorträgt, Raum „in der kleinsten Hütte" sei, so gilt dies nach Schiller nur „für ein glücklich liebend Paar" (*Schiller*, Der Jüngling am Bache, 1803), keineswegs jedoch für einen Seesack. Letzteren erkennt man vorliegend eher „gekeilt in drangvoll fürchterlicher Enge" (*Schiller*, Wallensteins Tod, 1799), was – wie sich zwanglos ergibt – auch noch 200 Jahre nach *Schiller* unzumutbar erscheint, weshalb der Klage stattzugeben ist."

... Wäre die *Kammer* nicht auch in den Jahren, die dieses Verfahren bei ihr zugebracht hat, mit Hunderten anderer – wohl wesentlicherer – Verfahren des allgemeinen Verwaltungsrechts und des Asylrechts beschäftigt gewesen, so wäre vielleicht einmal ein wenig Zeit übrig gewesen, an Ort und Stelle tatsächlich mit einem wichtigen Gesetzeswerk (vgl. *Höcherls* Ausspruch) unter dem einen Arm und mit dem „Seesack" unter dem anderen Arm die Wohnung des Klägers zu erkunden. Nach der eingehenden Beschreibung der Wohnung im Vorverfahren und im gerichtlichen Verfahren erscheint eine Ortsbesichtigung hier jedenfalls nicht geboten, um eine beiden Beteiligten gerecht werdende Entscheidung herbeizuführen. Immerhin hatte der entscheidende Richter vor nicht allzu langer

Zeit Gelegenheit, sich bei dem von ihm organisierten Umzug seiner Tochter in eine ca. 50 qm große und von ihr allein bewohnte Wohnung davon zu überzeugen, was in eine solche Wohnung hineingeht. Er vertritt aufgrund dieses Erfahrungswissens unter Berücksichtigung des Umstands, dass hier der Kläger seine Wohnung zusammen mit seiner Ehefrau bewohnt, die Auffassung, dass der „Seesack" in der Wohnung des Klägers unter für diesen zumutbaren Bedingungen keinen Platz finden würde. ..." *(Es folgt eine eingehende Darstellung der Rechtslage nach Schrifttum und Rechtsprechung.)*

... In diesem Sinne erscheint hier also auch ohne die Einnahme eines Augenscheins die Aufbewahrung des „Seesacks" für den Kläger doch wohl unzumutbar. In der ehelichen Wohnung ist hierfür ersichtlich kein Platz. Dafür sollen die hinreichend beschriebenen Räume, die nach dem Mietvertrag zur Verfügung stehen, berücksichtigt werden: Einen *Dachboden* hat der Kläger nicht. Der *Keller ist nicht trocken.* Nach dem Ergebnis seiner Darlegungen lebt der Kläger ja mit seiner Frau bei einer Tiefkühltruhe in feuchtem Keller insoweit ohnehin recht unkomfortabel, wenn nicht sogar gefährlich (wobei man noch nicht einmal die nach Zeitungsberichten – vgl. etwa Seite 22 der Stuttgarter Zeitung vom 30.9.1993: Überschriften: 80 Prozent des Supermarktfleischs beanstandet – Verbraucherzentrale: Ein knappes Viertel von 244 Proben faul, ekelerregend oder bakteriell infiziert – aufgenommene Diskussion über den gekauften Inhalt solcher Truhen berücksichtigt hat). Im Keller erscheint deshalb die Unterbringung aus der Sicht der Bundeswehr nicht zumutbar. Da würde wohl nicht einmal ein vierteljährliches Lüften die Armeebestände vor dem Verderb bewahren können. Und außerdem ist der Keller mit Dingen wie eben der Tiefkühltruhe, Fahrrädern und einem Aktenschrank erkennbar schon gut ausgelastet. Diese Dinge zu entfernen, ist dem Kläger im Verhältnis zur Beklagten nicht zuzumuten.

In voller Kenntnis, dass für die Entscheidung dieses Falls im Anfechtungsteil der Zeitpunkt der Sach- und Rechtslage des Widerspruchsbescheids und erst bei einer hier im Gericht ausgesprochenen Stattgabe im Anfechtungsteil für den Verpflichtungsteil – also die Freistellung für die Zukunft – der Zeitpunkt der gerichtlichen Entscheidung maßgebend ist, muss doch immerhin dafür hier ergänzend berücksichtigt werden, dass sich heute, wenn von Unterbringung von Sachen die Rede ist, zusätzlich für Küche und Keller überdies für die Gemeinschaft aller ehrenamtlichen und informellen Mitarbeiter des Dualen Systems die inzwischen lebenswichtige Frage stellt, wo der oder die gelben Säcke oder gar weitere Unterabteilungen der Hausmüllvorsortierung Platz finden sollen. Schon aus diesem Grunde kommt für den Kläger, wenn er die Sammelpflicht ernst nimmt, eine Aufbewahrungspflicht aus räumlichen Gründen in Küche und Keller nicht in Betracht.

Zu den *Wohnräumen*: Anscheinend muss der Kläger sein Studium schon bescheiden genug im Flur abwickeln, wo sein Schreibtisch steht und seine Studienmaterialien untergebracht sind. Schlängelt man sich von dort ins Wohnzimmer, dann ist wohl auch in dem „vollständig eingerichteten" *Wohnzimmer*, wenn schon nicht für den studierenden Ehemann, so doch sicher für seinen „Seesack" kein Platz. Es ist davon auszugehen, dass dort neben den modernen Errungenschaften von Audio-, Video-, Medio-Gerätschaften, also Rundfunk-, Fernseh-, Videoapparat, Phono-, Stereo-Geräten, vielleicht einem Computer, vielleicht auch Bücher, Bilder, Reiseandenken usw. zusätzlich der Wohnschrank, die Couch, der Esstisch und Stühle (sofern nicht in der Küche platziert) und weitere Dinge Platz brauchen, der ohnehin bei alldem knapp werden wird. Da bleibt demnach auch kein Raum für den „Seesack", den die Eheleute sicherlich nicht an die Decke wie einen „Punchingball" hängen oder wechselseitig neben sich legen oder rollen wollen. Nach den Darlegungen des Klägers wäre im Übrigen im *Schlafzimmer* bei voll ausgelasteten Schränken, bei der Versorgung weiterer Dinge auf den Schränken und unter den Betten allenfalls noch Platz für den Seesack als zeitweilige „Kopfstütze", die aber am Ende den Schlaf bei beendeter Lektüre wohl doch beeinträchtigen könnte.

Überhaupt fällt bei diesen Erörterungen dem erkennenden Gericht auf, dass in der Literatur und im angeführten Urteil die räumlichen Belastungen in einer Ehe viel zu kurz kommen. Immerhin spricht das *BVerwG* ganz allgemein von den „Angehörigen". Dort ging es speziell um die Mutter. Der Kläger dieses Rechtsstreits ist aber schon verheiratet. Immerhin dauert die Wehrüberwachung Jahre! Da können schon einige Ehejahre zusammenkommen. Der Seesack könnte damit zum ehelichen Zankapfel werden. Soll der Kläger vielleicht – entsprechend der angesprochenen Problematik in der eingeführten Kommentierung – noch unter Beweisantritt erst die Abneigung seiner Ehefrau gegen den „Seesack" oder gar die Gefahr eines ehelichen Zerwürfnisses darlegen? Das nimmt das Gericht jedenfalls nicht an.

Nach Auffassung des erkennenden Gerichts ist bei recht verstandener Würdigung der Grundsätze der Rechtsprechung des *BVerwG* und bei Anwendung dieser Grundsätze für den hier zu entscheidenden Fall bei den untersuchten Wohnverhältnissen der ehelichen Wohnung in M. die dem Kläger von der Beklagten aufgebürdete Pflicht unzumutbar.

Bei alledem ist die *Pflege* der zu übernehmenden Ausrüstung noch gar nicht angesprochen worden. Die Sachen sollen sicherlich nicht privat benutzt, der Kampfanzug oder die Uniform also nicht innerhalb oder außerhalb der Wohnung – also allenfalls zu hier nicht konkret vorstellbaren Anlässen – getragen werden, die Sachen sind aber zumindest zu lüften, sollen sie nicht muffig werden. Ob sie auch bei einem Wechsel der Mode ausgetauscht werden müssen, entzieht sich der Kenntnis des Richters, braucht aber wegen der Verneinung der ersten Frage nicht mehr ermittelt zu werden. Da ein Dachboden nicht zur Verfügung steht, von einem Garten – von der Problematik der Diebstahlsgefahr einmal abgesehen – nicht die Rede ist, müsste das Armeegut dem Seesack entnommen und wohl am Fenster gelüftet werden. Das könnte leicht in den dörflichen Verhältnissen als militärische Demonstration verstanden werden oder in der Nachbarschaft zu Gerüchten über einen bevorstehenden militärischen Einsatz des Klägers oder zu sonstigen Unzuträglichkeiten füh-

ren. Es käme da wohl vor allem auf die Einstellung der Umgebung an. Immerhin hat der Kläger zwar gedient, ist aber jetzt Zivilist.

Die Einstellung zum Militärischen hat sich ja in diesem Jahrhundert immer wieder verändert. Der Einzelrichter erinnert sich an einen Haushalt eines früheren preußischen Offiziers, der nach 1933 wieder reaktiviert wurde. In dem gegenüber einer Infanterie-Kaserne gelegenen Haus wurde in den dreißiger Jahren und noch beim Beginn einmal jährlich die Ausrüstung des Ehemanns und Vaters in einem Gartenteil, in den heute eine halbe Reihenhauszeile hineinpassen würde, „gesonnt". Da schleppte das Mädchen die Uniform der kaiserlichen Zeit, die Ausrüstung des 1. Weltkriegs, die Ausgeh- und Paradeuniform alter und späterer Zeiten heraus: Eine Armee hing auf der Leine und blähte sich auf. Die ausrangierte Offiziersmütze war zum Spiel des Kindes freigegeben, das sich aus der Reichskriegsflagge (heute wohl verboten), die zuletzt zur Geburt seines älteren Bruders gehisst worden war, ein Zelt baute. In dieser Zeit gab es eine auch recht militärische Strophe im Lied: Morgen kommt der Weihnachtsmann ... Und Weihnachten ging die Familie in den Militärgottesdienst. Heute ist die Einstellung eine andere, wie nicht zuletzt die Diskussion um den Einsatz der Bundeswehr im Ausland zeigt. Das sollte auch bei der Belastung gedienter Wehrpflichtiger mit Randpflichten nach Ende des Grundwehrdienstes beachtet werden.

Die Kostenentscheidung beruht auf § 154 Abs. 1 VwGO. Zur Klarstellung sei vorsorglich angefügt, dass die Entscheidung nach

§ 162 Abs. 2 Satz 2 VwGO nicht entscheidend davon beeinflusst worden ist, dass der so in das Verfahren eingestiegene Anwalt dem Gericht einmal den Blick für die Schwerpunkte des wirklichen Lebens (Größe und Gewicht von Bierkästen und deren Relation zum Umfang von Richtertischen) geschärft und ihn außerdem endlich wieder einmal der deutschen Dichtung nahe gebracht hat."

*(Verwaltungsgericht Stuttgart, Beschluss v. 29.4.1993 – Az 3 K 3261/91, Juristische Schulung 1994 Heft 2 S. XXVIII)*

## III. Ein Mehrbettzimmer für zwei Lehrer?

Die Schwerpunkte des wirklichen Lebens im öffentlichen Dienst kommen ebenfalls bei Schullandheimen in den Blick. In dem hier interessierenden Fall geht es darum, ob eine verheiratete Lehrerin und ein lediger Lehrer in einem Mehrbettzimmer mit Doppelstockbetten gemeinsam übernachten dürfen. Oder ist dieses Verhalten disziplinarrechtlich ahndungswürdig? Hier zunächst der Sachverhalt, der das Oberschulamt dazu bewegte, gegen die beamtete Lehrerin eine Geldbuße wegen eines Dienstvergehens zu verhängen. Die Beamtin hatte als Begleitperson an einem Schullandaufenthalt der Klasse 8 teilgenommen, wobei die räumliche Situation den Eltern, Schülern und der Schulleitung bekannt war und nicht beanstandet wurde. Die Disziplinarkammer des Verwaltungsgerichts hielt die Disziplinarverfügung u. a. aus folgenden Gründen aufrecht:

„Der einem Lehrer erteilte Erziehungsauftrag (§ 38 Abs. 2 SchulG) umfasst auch die Verpflichtung, die anvertrauten Jugendlichen im Sinne der verfassungsmäßigen Wertordnung zu erziehen. ... Durch ihr gemeinsames Übernachten mit einem Lehrer während einer dienstlichen Veranstaltung hat die Beamtin aber bei Schülern und Eltern zumindest den Verdacht erweckt, dass sie sich über die mit der Institution der Ehe verbundenen Wertvorstellungen hinwegsetzt oder ihnen jedenfalls keine große Bedeutung beimisst. Damit hat die Beamtin ihre Glaubwürdigkeit als Erzieherin in Gefahr gebracht und ihre Autorität als Lehrerin beeinträchtigt."

„Eine auf andere Weise nicht abwendbare Notlage, die das Verhalten der Beamtin allenfalls entschuldigen könnte, bestand hier nicht. Da die Beamtin bereits vor der Abreise über die örtliche Situation unterrichtet war, kann von einer überraschenden Konfrontierung mit einer unerwarteten Problematik bzw. von einer auf andere Weise nicht zu bewältigenden Zwangslage keine Rede sein."

Dieser Rechtsansicht folgte der Verwaltungsgerichtshof Mannheim nicht und hob die Disziplinarverfügung u. a. aus folgenden Erwägungen auf:

„Indes unterliegt es berechtigten Zweifeln, ob heute noch eine pauschale Vermutung ehewidrigen Verhaltens bei Übernachtung nicht miteinander verheirateter Erwachsener und eine darauf basierende Vermutung entsprechender Irritationen von Schülern und Eltern in jedem Falle ohne Heranziehung der Umstände des Einzelfalls gerechtfertigt sind. Die disziplinarrechtliche Würdigung kann nicht ohne Berücksichtigung des heutigen gesellschaftlichen Bewusstseinszustands in diesen Fragen erfolgen. Ein gleichwohl noch zu bejahender objektiver Pflichtverstoß ... entbehrt jedenfalls dann der disziplinarrechtlichen Erheblichkeit, wenn die den Schülern, Eltern oder der Schulleitung zuvor unbeanstandet unterbreitete Lösung der Unterbringungsfrage aus Sachgründen erklärbar ist, kein Anhaltspunkt für ein konkretes ehewidriges Fehlverhalten während des Schullandheimaufenthalts vorliegt, negative Reaktionen von Schülern und Eltern ausbleiben und die betreffenden Beamten nur ein geringes Verschulden trifft."

Konkretisierend fügte das Gericht hinzu:

„Das von ihnen gemeinsam benutzte Zimmer war nach ihrer unbestrittenen Einlassung als Mehrbettzimmer mit vier Stockbetten ausgestattet und verfügte über einen Vorraum mit fest installierten Sitzgelegenheiten zu Besprechungszwecken. Es bestand somit zum einen die Möglichkeit, wie von den Beamten vorgetragen, das An- und Auskleiden diskret zu vollziehen und auch den jeweiligen Schlafplatz in den jeweils am weitesten voneinander entfernt stehenden Stockbetten zu wählen."

*(Verwaltungsgerichtshof Mannheim, Beschluss v. 16.1.1995 – Az D 17 S 11/94, Verwaltungsblätter für Baden-Württemberg 1995 S. 209 ff.)*

## IV. Ein verbaler Tritt in den Hintern ist erlaubt

Selbst wenn die Disziplinierung von Beamten und Arbeitnehmern im Einzelfall zulässig ist, bestehen jedenfalls „körperliche" Grenzen, wie das Landesarbeitsgericht Düsseldorf in dem folgenden Leitsatz herausgearbeitet hat:

„Der Tritt ins Gesäß einer unterstellten Mitarbeiterin gehört auch dann nicht zur betrieblichen Tätigkeit eines Vorgesetzten, wenn er mit der Absicht der Leistungsförderung oder Disziplinierung geschieht."

Mit diesem Leitsatz gab das Gericht der Schmerzensgeldklage einer Verpackerin statt, die von ihrer Chefin mit einem Sicherheitsschuh getreten worden war, der mit Stahlkappen besetzt war. Die Folgen: ein Steißbeinbruch und eine sechswöchige Arbeitsunfähigkeit. Das Gericht entschied, eine solche Behandlung sei nicht als „betriebliche Tätigkeit" im Sinne des § 105 Sozialgesetzbuch, VII. Buch, anzusehen, der einen Geldanspruch hätte ausschließen können.

„Zwar mag gelegentlich im Arbeitsleben die Äußerung, dass „man den NN mal in den Hintern treten müsste", zum saloppen Umgangston gehören. Der Sprecher will durch die plastische Ausdrucksweise seine Meinung kundtun, dass die durch einen solchen Tritt geförderte Vorwärtsbewegung des/der Betroffenen auch arbeitsleistungsmäßig wünschenswert wäre. Gleichwohl zweifelt niemand daran, dass nach geltendem Arbeitsrecht weder ein Vorgesetzter noch eine Vorgesetzte berechtigt sind, durch Handgreiflichkeiten oder den ominösen Tritt einen untergebenen Mitarbeiter zu disziplinieren.

Es mag sein, dass eine bei der Arbeit durch Herumalbern verursachte Verletzung der „betrieblichen Tätigkeit" zugerechnet werden kann. Dies hängt von den Umständen des Einzelfalls ab. Was den Streitfall betrifft, war es hingegen so, dass die Klägerin an dem Gescherze nicht beteiligt wurde, vielmehr in einem Moment, als sie sich der Arbeit gewidmet hatte, den Tritt erhielt. Der Beklagten kann danach auch keine Fehleinschätzung der Situation zugute gehalten werden. Der Tritt hatte nichts mit der Arbeitsverrichtung im weiteren Sinn zu tun."

*(Landesarbeitsgericht Düsseldorf, Urteil v. 27. 5.1998 – Az 12 (18) Sa 196/98, Juristische Schulung 1998 Heft 10 S. XXIX; Handelsblatt v. 19. 8.1998 Nr. 158 S. 4)*

# V. Verliebte Unternehmer dürfen Sekretärinnen belästigen

Um eine andere Art von Handgreiflichkeit ging es auch bei einem italienischen Unternehmer, der seiner Sekretärin in unsittlicher Weise näher getreten war. Er wurde gleichwohl von dem Vorwurf sexueller Belästigung freigesprochen. Es ist aber höchst zweifelhaft, ob diese Entscheidung auch auf Deutschland übertragen werden kann. Deshalb wird die Nachah-

mung bis zum Beweis des Gegenteils nicht empfohlen.

„In ihrer Klage hatte die Angestellte dem Unternehmer vorgeworfen, er hätte sie während einer Dauer von mehreren Monaten wiederholt unsittlich berührt, sie gegen ihren Willen geküsst sowie verbal unter Druck gesetzt. Dies allein rechtfertige indes nach Auffassung des Amtsgerichts in Como noch nicht die Annahme einer sexuellen Belästigung. Eine dahingehende Würdigung scheiterte an der dem Verhalten zugrunde liegenden Motivation des Unternehmers, der vorgebracht hatte, sich in seine Sekretärin verliebt zu haben. Nach Auffassung des Gerichts gehöre diese Art der Zudringlichkeiten zum normalen Annäherungsverhalten an das „Objekt der Liebe", so dass eine sexuelle Belästigung nicht angenommen werden könne. Kürzlich hatte das höchste Gericht Italiens eine Vergewaltigung einer Frau unter anderem mit dem Argument verneint, die Frau habe Jeans getragen, ein Kleidungsstück, das nicht ohne Mithilfe der Trägerin und damit ohne ihren Willen ausgezogen werden könne."

*(Frankfurter Allgemeine Zeitung v. 19. 3.1999 Nr. 66 S. 9)*

# VI. Mit der Unternehmensphilosophie auf Du

Von der Verliebtheit des Chefs ist die Verliebtheit in die Unternehmensphilosophie zu unterscheiden. Sie reicht bei manchen Firmen so weit, dass von den Mitarbeitern verlangt wird, dass sie sich untereinander duzen. Dagegen wandte sich der Kläger, weil der dienstliche Umgang der Mitarbeiter untereinander im Zuge einer Unternehmensübernahme auf die Anrede mit Vornamen und „Du" umgestellt wurde. Sein Anwalt machte nach annähernd zweijähriger widerspruchsloser Duldung dieser neuen Anredeform geltend:

„Unser Mandant legt Wert darauf, dass korrekte Umgangsformen gewahrt werden und er sich nur mit denjenigen Freunden und Mitarbeitern duzen muss, die er hierfür auswählt."

Das Landesarbeitsgericht Hamm wies die Klage aus folgenden Gründen ab:

„Bekanntermaßen existieren zwei mögliche Anredeformen, das „Du" und das „Sie", die in der Regel mit der Anrede beim Vornamen oder Nachnamen korrespondieren. Dieses Selbstbestimmungsrecht hat aber relativ enge Grenzen, denn es ist eingebettet in diejenigen Gebräuche, die im jeweiligen Beziehungskreis des Betroffenen üblich sind. Jemand, der beispielsweise in eine Gewerkschaft eintritt, als Bauarbeiter in einer Kolonne mitarbeitet oder als Sportler in einer Gemeinschaft mitspielt, muss sich üblicherweise gefallen lassen, dass er geduzt wird."

„Entscheidender ist jedoch, dass der Kläger die ... neuen Umgangsformen akzeptiert hat. ... So ist diese neue Umgangsform mit der konkludenten Annahme durch den Kläger zum Inhalt des Arbeitsverhältnisses mit der Beklagten geworden."

„Soweit der Kläger nunmehr den Hilfsantrag gestellt hat, die Beklagte zu verurteilen, ihm zu gestatten, die anderen Mitarbeiter am Arbeitsplatz zu siezen sowie diesen Mitarbeitern zu erlauben, ihn ebenfalls zu siezen, übersieht er, dass damit in die inzwischen gewachsene betriebliche Ordnung ... eingegriffen würde. Darüber hinaus berührt dieser Antrag Interessen Dritter, die in diesem Rechtsstreit nicht Partei sind. Es handelt sich dabei um die Mitarbeiter der Filiale R. Nach dem unwidersprochenen Vortrag der Beklagten haben sich diese nämlich mittlerweile an die neuen Umgangsformen gewöhnt und diese schätzen gelernt."

*(Landesarbeitsgericht Hamm, Urteil v. 29.7.1998 – Az 14 Sa 1145/98, Neue Juristische Wochenschrift 1999 S. 1053 f. und dazu Gerd Roellecke, Neue Juristische Wochenschrift 1999 S. 999 ff.)*

## VII. Das „geknickte" Zeugnis

Kein Spaß im Arbeitsleben verstehen Arbeitnehmer, wenn es um Inhalt und Form von Zeugnissen geht, wie der exemplarische Fall des Bundesarbeitsgerichts zeigt. Das im Streit befindliche Zeugnis wurde in den Briefkasten eingeworfen. Es befand sich in einem Umschlag DIN lang (ein Drittel DIN A4) und war deshalb zweimal gefaltet. Der Beklagte macht geltend, das Zeugnis sei nicht ordnungsgemäß erteilt, weil es zwei Falzungen aufweise. Aus den Falzungen werde deutlich, dass das Zeugnis nicht persönlich ausgehändigt, sondern zugesandt worden sei. Das lasse auf Unstimmigkeiten mit dem früheren Arbeitgeber schließen. Ferner stelle die Falzung ein unzulässiges Geheimzeichen dar.

Hierzu stellt der neunte Senat fest, die Übersendung von Arbeitszeugnissen sei nicht ungebräuchlich. Ferner könne keine Übung festgestellt werden, dass Arbeitszeugnisse üblicherweise ungefaltet, nämlich in einer Versandtasche DIN A4 mit gesteiftem Rücken, versandt würden. Wörtlich führte das Gericht aus:

„Die Erwägung des Beklagten, es sei ihm nicht zuzumuten, sich mit einem „geknickten“ Zeugnis zu bewerben, da seine Bewerbungschancen hierdurch beeinträchtigt würden, verhilft der Revision nicht zum Erfolg.

Zwar wird im Schrifttum vertreten, das Falten eines Zeugnisses sei nicht nur eine grobe Ungehörigkeit, sondern der Arbeitgeber verletze seine Fürsorgepflicht. Der Arbeitnehmer, der mit einem „geknickten“ Zeugnis auf Stellensuche gehen müsse, vermittle den Eindruck beachtlicher Sorglosigkeit beim Umgang mit derart wichtigen Dokumenten. ... Das überzeugt jedoch nicht. ... Diesen Eindruck kann der Arbeitnehmer selbst vermeiden, indem er die entfaltete Urkunde in einer Dokumentenhülle verwahrt und das Zeugnis auf diese Weise bei Bewerbungsgesprächen präsentiert.“

*(Bundesarbeitsgericht, Urteil v. 21.9.1999 – Az 9 AZR 893/98, Neue Juristische Wochenschrift 2000 S. 1060 ff.)*

# § 8 Versicherungsrechtshumor

# I. Versicherungsschutz für Pinkelpausen bei Betriebsfeiern

Sensibilisierte Arbeitnehmer kümmern sich nicht nur um ein ordnungsgemäßes Zeugnis. Sie sorgen sich ferner darum, dass sie bei ihrer Tätigkeit Versicherungsschutz genießen. Deshalb wurde bei einem Gedankenaustausch zwischen ausländischen und deutschen Arbeitgebern folgende Frage aufgeworfen:

„Was ist der Unterschied zwischen einem deutschen und einem ausländischen Arbeitnehmer, wenn sie vom Chef zu einer Betriebsfeier nach Hause eingeladen werden?"

Hier die kaum überraschende Antwort:

„Der ausländische Arbeitnehmer lobt seinen Chef, bedankt sich und nimmt die Einladung an. Der deutsche Arbeitnehmer ruft seinen Gewerkschaftsvertreter an und bittet um eine juristisch verbindliche Prüfung, ob für diese Art von Betriebsfeiern Versicherungsschutz besteht".

Das Landessozialgericht Rheinland-Pfalz musste prüfen, ob ein Zimmermann, der auf dem Heimweg von einem betrieblichen Richtfest auf der Fahrbahn bei einer „Pinkelpause" angefahren wurde, Unfallversicherungsschutz genießt. Das bejahte das Gericht, weil es einen Zusammenhang mit der beruflichen Tätigkeit anerkannte. Denn die Verrichtung der Notdurft auf dem Heimweg sei

„nicht anders zu beurteilen als das Einwerfen eines Briefs oder der Kauf einer Zeitung."

In beiden Fällen werde der Versicherungsschutz nicht unterbrochen. Als unerheblich werteten die Richter, dass der Zimmerer in der Straßenmitte urinierte; Zweck des Festes sei auch gewesen, die Laune der Mitarbeiter zu heben. Dabei sei es

„nicht ungewöhnlich, wenn die gute Laune sich in Späßen und Scherzen auswirke."

*(Landessozialgericht Rheinland-Pfalz, Urteil v. 25.1.1999 – Az L 3 U 145/94; s. auch Süddeutsche Zeitung v. 22./ 23.4.1995 S. 6; Norbert Kollmer, Juristische Superlative, Neue Juristische Wochenschrift 1997 S. 1129 f.*

# II. Versicherungsverständnis für körperliche Reize

Unter die Kategorie „Paragraphenreiter – vorwiegend heiter" wird man auch folgenden Versicherungsfall verbuchen können:

Ein Versicherungsnehmer hatte am Morgen des ersten Weihnachtsfeiertags die Kerzen des Adventskranzes angezündet. Dann begab er sich in das Schlafzimmer, um seine Lebensgefährtin zu wecken. Inzwischen fing der Adventskranz Feuer. Die Richter sprachen den Versicherungsnehmer von dem Vorwurf der grob fahrlässigen Herbeiführung eines Brandschadens frei. Die Begründung? Sie nahmen dem Versicherungsnehmer ab, dass er nach Betreten des Schlafzimmers den „körperlichen Reizen" seiner Lebensgefährtin erlegen war und nicht mehr an den Adventskranz dachte.

*(Oberlandesgericht Düsseldorf, Urteil v. 21.9.1999 – Az 4 U 182/98)*

# § 9  Eherechtshumor

## I. Eintritt in die Ehe auf plattdeutsch?

Solange die körperlichen Reize anhalten, kann die partnerschaftliche Verbindung im Einzelfall in den Hafen der Ehe führen. Voraussetzung hierfür ist nach deutschem Recht, dass die Ehewilligen ihren Willen durch ein unzweideutiges „Ja" bekunden. Wie ist es aber, wenn jemand auf plattdeutsch in den Stand der Ehe eintreten will?

„Die Anfrage eines des Plattdeutschen mächtigen hanseatischen Landeskinds war Grund für ein Machtwort des Bremer Innensenators, der auf Anfrage des Instituts für Niederdeutsche Sprache geprüft und für rechtens befunden hat, dass „Wer Jau segtt, verheirot is". Mit anderen Worten: Bremer Heiratskandidaten dürfen – unabhängig von der Vorschrift des § 23 Abs. 1 VwVfG, demzufolge die Amtssprache „Deutsch" ist – in Zukunft ihren Bindungswillen auch durch ein kräftiges „Jo", „Jau" oder sogar (für Kenner der plattdeutschen Sprache unmissverständlich) „dat will ick" kundgeben. Zur Begründung bezog man sich im Bremer Innenministerium auf gute hanseatische Traditionen – früher nämlich, so habe ein Blick in die „kloken Böker" (klugen Bücher) gezeigt, seien auch auf Senatorenebene alle Probleme der Stadt auf Plattdeutsch geregelt worden."

*(Frankfurter Allgemeine Zeitung v. 7.2.1997; Neue Juristische Wochenschrift 1997 Heft 9 S. XXXIV)*

Nicht so großzügig ist der Bundesgerichtshof. Er lehnte es ab, ein auf plattdeutsch bezeichnetes Gebrauchsmuster mit dem Namen „Läägeünnerloage" (hochdeutsch: Liegeunterlage) einzutragen.

*(Bundesgerichtshof, Beschluss v. 19.11.2002 – Az X ZB 23/01, Neue Juristische Wochenschrift 2003 S. 671 f.)*

## II. Zur Eigentumsvermutung einer Halskette in der Normalehe

Wenn die körperlichen Reize in der Ehe nachlassen, kommt es gelegentlich zu aufschlussreichen und kaum glaubhaften gerichtlichen Auseinandersetzungen. So musste ein Gericht darüber urteilen, unter welchen Voraussetzungen eine Damenhalskette ausschließlich zum persönlichen Gebrauch der Ehefrau bestimmt ist. Nach § 1362 Abs. 2 des Bürgerlichen Gesetzbuches (BGB) wird für die ausschließlich zum persönlichen Gebrauch eines Ehegatten bestimmten Sachen im Verhältnis der Ehegatten zueinander oder zu den Gläubigern vermutet, dass sie dem Ehegatten gehören, für dessen Gebrauch sie bestimmt sind. Was ist aber, wenn der Ehemann behauptet, er habe die Damenhalskette seiner Ehefrau nicht geschenkt, sondern ihr nur zeitweilig zur Nutzung überlassen? Jedenfalls kommt es nach Ansicht des Gerichts nicht darauf an, in wessen Hände der Juwelier die Halskette legte, als die Parteien sie gemeinsam abholten, vor allem dann, wenn der Ehemann die Halskette bezahlte. Vielmehr ist bei einer Interpretation des § 1361 Abs. 2 BGB Folgendes maßgeblich:

„Die Beweislast für die persönliche Gebrauchsbestimmung trifft den Ehegatten, der das Eigentum für sich in Anspruch nimmt, hier also die Klägerin. Ein Erfahrungssatz des Inhalts, dass in einer Normalehe Frauenschmuck in der Regel zum ausschließlich persönlichen Gebrauch der Ehefrau bestimmt ist, kann nach der Rechtsprechung des Bundesgerichtshofes nicht in so allgemeiner Bedeutung Geltung beanspruchen, dass er zu einer Umkehr der Beweislast führen würde, sondern er kann nur neben anderen Umständen des Einzelfalls im Rahmen der Beweiswürdigung mitberücksichtigt werden. Mithin kann der Beweis, dass ein Schmuckstück ausschließlich zum persönlichen Gebrauch der Ehefrau bestimmt sei, nicht allein aufgrund eines allgemeinen Erfahrungssatzes, sondern nur dann als erbracht angesehen werden, wenn die besonderen Umstände des Einzelfalls diese Annahme bestätigen.

Solche besonderen Umstände des Einzelfalls fehlen hier. ... Gegen diese Annahme spricht eher die Tatsache, dass die Klägerin die Kette nur zu besonders festlichen Anlässen trug. Auch die Kostbarkeit der Kette als solche erlaubt den Schluss, dass sich ihr Zweck nicht darin erschöpfte, ausschließlich zum persönlichen Gebrauch der Klägerin zu dienen, sondern dass die Kette – über ihre natürliche Beschaffenheit als Frauenschmuckstück hinaus – für den Beklagten eine eigene Bedeutung als ein für die Absicherung der Familie bedeutsamer Vermögenswert behielt und da-

mit nicht von der Eigentumsvermutung des § 1362 Abs. 2 BGB erfasst wurde."

*(Oberlandesgericht Nürnberg, Urteil v. 17. 2. 2000 – Az 13 U 3674/99, Neue Juristische Wochenschrift, Rechtsprechungsreport 2001 S. 3)*

## III. Zum Trennungsunterhalt nach Revolverschüssen auf den Ehemann

Kommt es deshalb oder aus anderen Gründen zu einer Scheidung, dann wird gelegentlich über die Zahlung von Trennungsunterhalt gestritten. In dem hier vorgestellten Fall geht es darum, ob die eingeräumten erheblichen regelmäßigen Skatgewinne des Beklagten zu seinem unterhaltsrechtlich relevanten Einkommen gehören, sowie, ob die Klägerin ihren Unterhaltsanspruch wegen dreier Revolverschüsse auf den Beklagten verwirkt hat. Die Antwort des Oberlandesgerichtes Düsseldorf lautet:

„Der Beklagte macht eingestandenermaßen Gewinn, weil er offensichtlich besser spielt als seine Mitspieler. Damit wird dem Beklagten keineswegs angesonnen, auch in Zukunft nach einem 8-Stunden-Tag weiterhin in den „Skat-Club" zu gehen, um Nebeneinnahmen zu erzielen. Es steht ihm frei, diese Tätigkeit jederzeit einzuschränken oder aufgeben. Solange er aber Skatgewinne macht, sind die daraus resultierenden Einnahmen anzurechnen. Diese Einnahmen waren in der Vergangenheit vorhanden und ... haben also die ehelichen Lebensverhältnisse geprägt."

„Die Klägerin hat ihre Unterhaltsansprüche nicht verwirkt. ... Es ist unstreitig, dass die Klägerin ... dreimal mit einem Revolver (Kaliber 4 mm) auf den Beklagten geschossen hat. Der Beklagte ist hierbei leicht verletzt worden. ... Die uneingeschränkte Inanspruchnahme des Beklagten ist aber dennoch nicht grob unbillig, da er selbst den Vorfall ... nicht als schwerwiegend angesehen hat."

„Der Zeuge hat bekundet, dass der Beklagte unmittelbar nach den Schüssen einen gelassenen Eindruck gemacht und sogar scherzend erklärt habe, dass er ein Projektil aus einer solch kleinkalibrigen Waffe mit den Zähnen auffange. ... Auch die Tatsache, dass der Beklagte der Klägerin nach der Trennung noch freiwillig Unterhalt gezahlt und sich auch im ersten Rechtszug nicht auf die Schüsse berufen hat, lässt nur den Schluss zu, dass er den Vorfall ... nicht als gravierend empfunden hat."

*(Oberlandesgericht Düsseldorf, Urteil v. 14.7.1993 – Az 4 UF 102/92, Neue Juristische Wochenschrift 1993 S. 3079)*

# IV. Zum „Umgangsrecht" mit dem Hund

Nach der Trennung von Ehepartnern werden häufig Hausratsteilungsentscheidungen getroffen. Wenn zum Hausrat ein Hund gehört, ist zwischen den Geschiedenen oft umstritten, ob und inwieweit dem Ehegatten, der den Hund nicht erhalten hat, das Recht einzuräumen ist, mit dem Hund zu bestimmten Zeiten zusammen zu sein. In dem nachfolgenden Fall wurde zunächst folgender Vergleich geschlossen:

„Der Antragsteller hat das Recht, den Hund W, der sich bei der Antragsgegnerin befindet, zweimal monatlich zu sich zu nehmen und mit ihm zusammen zu sein und auch spazieren zu gehen. Die Begegnungen zwischen dem Antragsteller und dem Hund finden jeweils am 1. und 3. Donnerstag eines jeden Monats in der Zeit von 14.00–17.00 Uhr statt."

Die Antragsgegnerin hat den Vergleich mit der Begründung widerrufen, bei der Ausübung des Umgangsrechts ... müsse sich W in seinen Bezugspersonen hin- und hergerissen vorkommen. Das Gericht hat daraufhin einen tiermedizinischen Sachverständigen zur Frage gehört, welche tierpsychologischen Auswirkungen die widerrufene Regelung auf den Hund W hätte.

„Dabei hat der Sachverständige u. a. ausgeführt, tierpsychologische Schwierigkeiten bei der Erfüllung der ursprünglich gefundenen einvernehmlichen Regelung könne es für den Hund eindeutig nicht geben ... gegen ein stundenweises Zusammensein mit dem Antragsteller bestünden keine Bedenken ..."

Dieses Votum reichte dem klugen Amtsrichter aber nicht aus. Er wollte offensichtlich ganz sicher gehen und ließ den Hund W bei der Verhandlung selbst entscheiden. Hier seine Eindrücke, die den Richter bewogen, dass Herr und Hund wieder zweimal im Monat gemeinsam spazieren gehen dürfen.

„Im Übrigen erwies sich in der mündlichen Verhandlung, dass der Hund W, nachdem er von der Leine genommen war, sich sofort zielstrebig zum Antragsteller begab, sich von diesem bereitwillig auf den Schoß nehmen ließ und dort deutliche Zeichen des Wohlbefindens von sich gab, z. B. leckte er das Gesicht des Antragstellers mehrfach ab."

Zum Streit über die Hausratseigenschaft von W äußerte sich das Amtsgericht so:

„Was nun den Hund W betrifft, so ist davon auszugehen, dass er als Haustier dem Hausrat zuzurechnen ist. ... An dieser Rechtslage hat sich auch durch § 90a des Bürgerlichen Gesetzbuchs ... nichts geändert; zwar ist dort bestimmt, dass Tiere keine Sachen sind, gleichzeitig ist aber dort festgeschrieben, dass für Tiere die für Sachen geltenden Vorschriften entsprechend anzuwenden sind. ... Das bedeutet, dass über sie, anders als es bei leb- und gefühlslosen Gegenständen möglich wäre, nicht ohne Rücksicht auf ihr Wesen und ihre Gefühle verfügt werden kann."

„Entsprechend dem Hilfsantrag aber ist dem Antragsteller zuzubilligen, dass er in der Weise mit diesem Pudel zusammen sein kann,

wie das bereits in dem später widerrufenen Vergleich ... vereinbart worden war. Diese „Umgangsregelung", die hier einer Umgangsregelung nachgebildet ist, wie sie sonst bei Kindern angewendet wird, ... schadet nach den Ausführungen des Sachverständigen dem Hunde und seinem Wohlbefinden nicht. Sie ist vielmehr sogar nach den Beobachtungen ... in der mündlichen Verhandlung ... durchaus geeignet, das weitere Wohlbefinden des Hunds zu fördern."

*(Amtsgericht Bad Mergentheim, Beschluss v. 19.12.1996 – Az 1 F 143/95, Neue Juristische Wochenschrift 1997 S. 3033 f.)*

Das Oberlandesgericht Schleswig hat sich dieser Auslegung des Umgangsrechts nicht angeschlossen. Hier ein Auszug aus dem Beschluss:

„Es übersteigt jedoch die Grenzen zulässiger Auslegung, das Wohlbefinden eines Hundes zum Anlass zu nehmen, ein gesetzlich nicht vorgesehenes „Umgangsrecht" für Tiere zu schaffen. Das dem Richter gemäß § 2 HausratsVO eingeräumte Ermessen hat sich an dem Gesetzeszweck der Hausratsverordnung zu orientieren, durch richterliche Gestaltung eine endgültige Verteilung des Hausrats herbeizuführen. Ein gegen den Gesetzeswortlaut geschaffenes Umgangsrecht für Tiere widerspricht dem eindeutigen Gesetzeszweck, da es geeignet ist, weitere Streitigkeiten über die Ausgestaltung und Einhaltung des Umgangsrechts hervorzurufen."

*(Oberlandesgericht Schleswig, Beschluss v. 21.4.1998 – Az 12 WF 46/98, Neue Juristische Wochenschrift 1998 S. 3127)*

Dieses Ergebnis hat einen Amtsrichter zu folgendem Rechtsreim veranlasst:

„Ein Richter in Bad Mergentheim
Geht seinen „Kunden" auf den Leim.
Verhandelt mehr als eine Stunde:
Gewährt dann Umgang mit 'nem Hunde
Moral: Vom Unsinn trägt's den Keim".

*(Vizepräsident des Amtsgerichts* Frank Laier, *Stuttgart, in: Neue Juristische Wochenschrift 1998 Heft 7 S. XXIV)*

# § 10 Tierrechtshumor

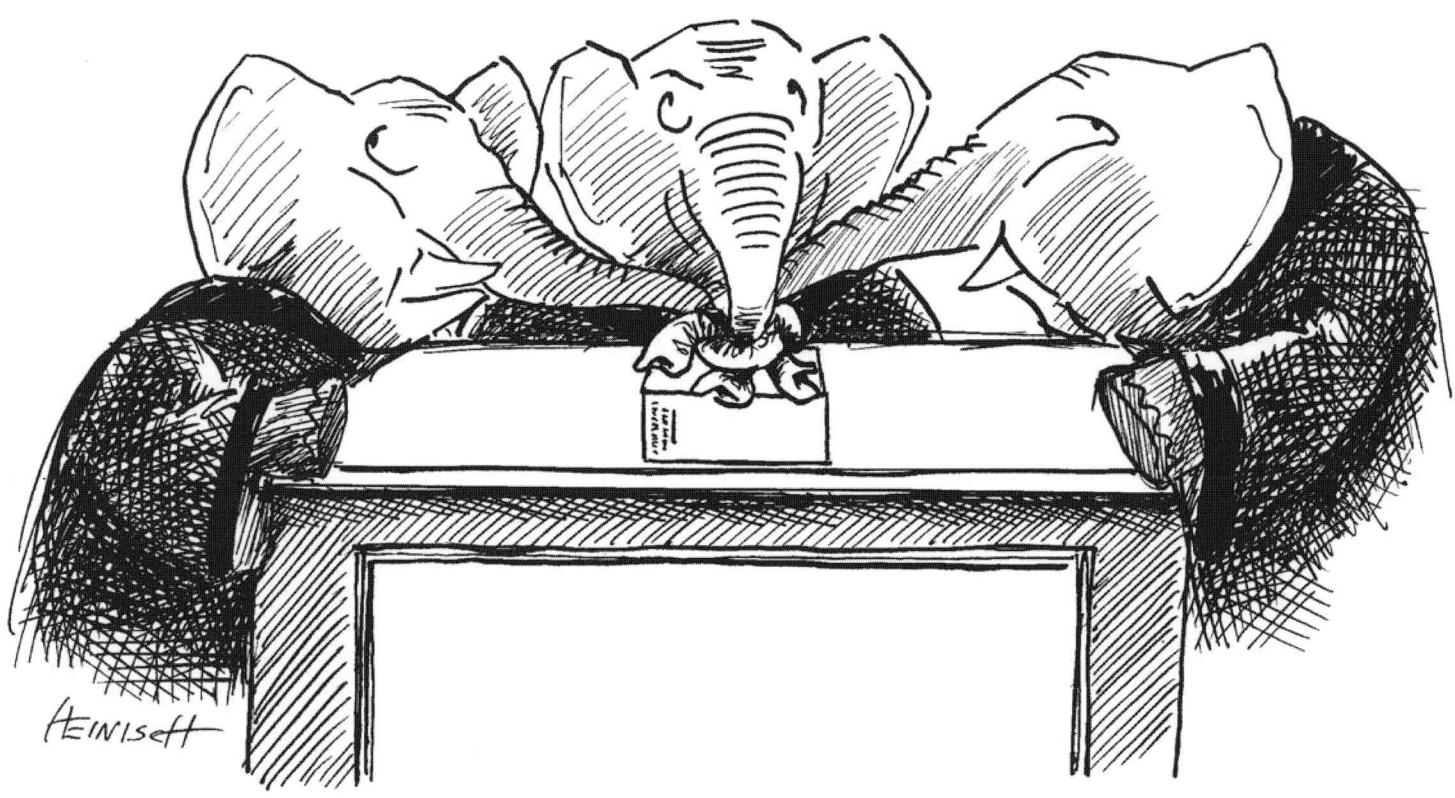

# I. Der Grasdiebstahl der Schafe

Nicht nur Hunde geben Anlass zu vielfältigem juristischem Streit. Im Grunde genommen ist die gesamte Tierwelt in diversen Gerichtsverfahren vertreten. Die nachfolgenden Beispiele zeigen lediglich einen kleinen Ausschnitt aus der Fülle des Tierrechtshumors. Und sie geben Einblick in eine Rechtswissenschaft, bei der schlichtes Denken eher verpönt ist, wie etwa der Schäferfall drastisch vor Augen führt. Hier zunächst der Sachverhalt:

Ein Schäfer zog mit seiner Herde, die durchschnittlich 600 – 800 Schafe umfasste, seit vielen Jahren durch Nordbaden und Nordwürttemberg. Ihm wurde vorgeworfen, er habe fremde Wiesen unerlaubt abgeweidet und dadurch Diebstahl in fortgesetzter Handlung begangen. Nach § 242 Strafgesetzbuch begeht einen Diebstahl, wer eine fremde bewegliche Sache einem anderen in der Absicht wegnimmt, dieselbe sich rechtswidrig zuzueignen. Aber ist das Gras abgesehen vom Wachsvorgang und den Windbewegungen eine bewegliche Sache? Die richterliche Subsumtion des Landgerichts Karlsruhe liest sich so:

„Ursprünglich handelte es sich bei dem Gras nicht um eine bewegliche Sache, da es fest mit dem Boden verbunden war. Es sind jedoch auch Teile von unbeweglichen Sachen als beweglich anzusehen, wenn sie losgelöst und beweglich gemacht werden. ... Bei dem Vorgang des Abfressens werden die Halme zunächst vom Boden abgetrennt und dadurch zu beweglichen Sachen i. S. des § 242 StGB.

Die Geschädigten hatten auch Gewahrsam an dem Gras bzw. an dem Klee auf ihren Grundstücken. ... Der Bruch des Gewahrsams und die Begründung neuen Gewahrsams durch den Angeklagten ist darin zu sehen, dass die Schafe sich Gras und Klee einverleibt haben. So hat das Oberlandesgericht Köln (Neue Juristische Wochenschrift 1986 S. 392) entschieden, dass derjenige, der in einem Selbstbedienungsladen eine Flasche öffne und daraus trinke, den Gewahrsam an dem Getränk deshalb inne habe, weil in dem Augenblick des Trinkens der Inhaber des Ladens von dem Gewahrsam an dem im Mund des Täters befindlichen Teil des Getränks ausgeschlossen werde, da es in diesem Augenblick nach der Lebensauffassung eindeutig der Herrschaftssphäre des Täters zuzuordnen sei. In dem Moment, in dem das Getränk heruntergeschluckt werde, habe es die Eigenschaft als selbständige Sache verloren. Übertragen auf den vorliegenden Fall bedeutet das, dass die Herrschaftsmacht des bisherigen Gewahrsamsinhabers in dem Moment, in dem die Schafe das Gras vom Boden abgerissen haben und im Maul hielten, aufgehoben war, da seine Einwirkungsmöglichkeiten auf das Gras damit nicht mehr bestanden."

Der Schäfer musste sich dieses Verhalten der Schafe zurechnen lassen. Wie hat er aber neuen Gewahrsam an dem Gras und Klee begründet? Nach Ansicht des Gerichts ist das ganz einfach auszudrücken:

„Indem die Schafe das Gras vom Boden abrissen und im Maul hielten, hat der Angeklagte es zwar nicht selbst ergriffen; da ihm jedoch die Schafe als Werkzeuge und damit quasi als „verlängerter Arm" fungierten, ist ihm deren „Inbesitznahme" über Gras und Klee zuzurechnen."

*(Landgericht Karlsruhe, Urteil v. 21.6.1993 – Az 8 AK 25/93, Natur und Recht 1994 S. 414)*

## II. Hühner sind keine Maulwürfe

Ist es aber auch einem Geflügelhalter zuzurechnen, wenn eine Fahrbahn infolge einer Straßenunterhöhlung einbricht und behauptet wird, den Einbruch hätten angeblich seine Hühner verursacht? Das würde dann zutreffen, wenn Hühner als Maulwürfe eingestuft werden könnten. Diese Zuordnung lehnte das Landgericht Ansbach mit folgenden Worten ab:

„Hühner sind keine Maulwürfe. Während es dem Wesen eines Maulwurfs als einem meist unterirdisch lebenden Grabtier, dessen Vorderextremitäten zu großen Grabschaufeln entwickelt sind (Brockhaus, Enzyklopädie in 24 Bänden, 19. Aufl. 1991, Stichwort „Maulwurf") entspricht, in Dunkelheit lange unterirdische Gänge zu graben, ist ein derartiges Verhalten von Hühnern nicht (gerichts-)bekannt. Bei Hühnern (auch Hühnervögel genannt) handelt es sich vielmehr um meist am Boden lebende Scharrvögel mit kräftigen vierzehigen Füßen, drei scharrtüchtigen Vorderzehen und einer bodenfernen Hinterzehe (Brockhaus, Der neue Brockhaus in vier Bän-

den, 1938, Stichwort „Hühnervögel"). Wie sich aus der Bezeichnung als Scharrvögel bereits ergibt und auch gerichtsbekannt ist, pflegen Hühner durchaus – z. B. auf der Suche nach Nahrung – kräftig auf dem Boden zu scharren; dass sie aber bis zu zwei Meter lange Gänge in völliger Finsternis graben, ist demgegenüber nicht bekannt, zumal es sich bei Hühnern nicht um in der Dunkelheit, sondern am Tage aktive Tiere handelt. Mit einem derartigen Verhalten musste der Beklagte auch unter Berücksichtigung dessen, dass ihm bekannt war, dass die Hühner gelegentlich unter den Sandsteinböden der klägerischen Stadtmauer scharrten, weder rechnen noch dagegen Vorsorge treffen. Er konnte vielmehr davon ausgehen, dass durch das Scharren der Hühner unter der Stadtmauer keine den Bestand des Bauwerks bzw. der darüber liegenden Straße gefährdenden Schäden eintreten. Soweit die Klägerin vorträgt, es müsse davon ausgegangen werden, dass der Beklagte über das Verhalten seiner Hühner im Bereich der Stadtmauer Bescheid gewusst habe, ist dieser keine konkrete Tatsachenbehauptung, sondern nur eine Vermutung enthaltende, im Übrigen unsubstantiierte Vortrag unbeachtlich."

*(Landgericht Ansbach, Urteil v. 7. 7.1998 – Az 2 O 1214/97, Juristische Schulung 1999 Heft 5 S. XLVI)*

## III. „Hengstmanieren"

Das Scharren von Hühnern ist noch relativ harmlos gegenüber so genannten „Hengstmanieren", die das Oberlandesgericht Düsseldorf zu folgendem Leitsatz veranlasst haben:

„Zeigt ein Hengst oder Wallach gegenüber einer Stute so genannte „Hengstmanieren" und verletzt er die Stute durch Huftritte, so ist dieses Verhalten nicht nur Ausdruck der Unberechenbarkeit des Hengstes oder Wallachs, sondern in gleicher Weise auch Reaktion auf die Wirkung, welche die Stute aufgrund ihrer tierischen Eigenart bei dem Hengst oder Wallach hervorgerufen hat, so dass die beiderseitigen Verursachungsanteile gleich hoch zu bewerten sind und der Halter des Hengstes oder Wallachs nur die Hälfte des Schadens zu ersetzen hat".

Wie ist dieser juristische Leckerbissen zu erklären? Nach § 833 Bürgerliches Gesetzbuch (BGB) gibt es eine Gefährdungshaftung für alle Tierhalter, mit Ausnahme der Halter von Haustieren (z. B. Hund, Schwein, Pferd, nicht aber von gezähmten Tieren wie Affe oder Reh). Tierhalter sind zum Schadenersatz verpflichtet, wenn durch ihr Tier ein Mensch getötet oder verletzt oder eine Sache beschädigt wird.

Voraussetzung der Haftung ist aber die Verwirklichung einer „typischen Tiergefahr". Die Rechtsgutverletzung muss also auf einem willkürlichen, von einem Menschen nicht gesteuerten Verhalten des Tiers beruhen, z. B. Beißen, Treten, Scheuen, Entlaufen, „unge-

steuertes Decken". Eine Haftung aus § 833 Satz 1 tritt nicht ein, wenn das Handeln des Tiers unter menschlicher Aufsicht erfolgt, das Tier also gehorcht hat.

Und nach § 254 Bürgerliches Gesetzbuch hängt die Verpflichtung zum und der Umfang des Schadenersatzes auch von einem Mitverschulden des Geschädigten ab. Es kann also auch eine Schadensabwägung vorgenommen werden.

Das Oberlandesgericht Düsseldorf hat nun bei der Klärung von Schuld und Haftung die typischen „Hengstmanieren" selbst eines Wallachs, der auf den Namen „Tasso" hört, verglichen mit der tierischen Eigenart der Stute namens „Everytime", die durch die Hufschläge Tassos so schwer verletzt wurde, dass sie notgeschlachtet werden musste. „Everytime" hatte sich durch die Reize ihrer Weiblichkeit selbst gefährdet, „Tasso" wurde wenigstens zur Hälfte „rehabilitiert".

*(Oberlandesgericht Düsseldorf, Urteil v. 28.5.1993 – Az 22 U 92/92, Neue Juristische Wochenschrift, Rechtsprechungsreport 1994 S. 92 ff.)*

## IV. Da ist tatsächlich der Wurm drin

Ob in der eben referierten Entscheidung der Wurm drin war, mögen die Leserinnen und Leser selbst entscheiden. Jedenfalls ist in den beiden folgenden Amtsgerichtsfällen tatsächlich und leibhaftig der Wurm drin.

„Im ersten Fall hatte die 66-jährige Klägerin beim Gassigehen mit ihrem Pudel mehrere kleine Mädchen beobachtet, die beim Buddeln auf einen Regenwurm gestoßen waren. Mit dem Hinweis „Auch Würmer sind Lebewesen und empfinden Schmerz" nahm die Rentnerin ihnen den Wurm weg. Der lautstarke Protest der Kleinen rief deren Mutter auf den Plan, die die Rückgabe des Wurms vehement forderte. Als die Klägerin sich weigerte, griff ihr die Beklagte in die Jackentasche, wo sie den Wurm in einem Tuch vermutete. Dort stieß sie allerdings auf die Exkremente des Pudels, die die Rentnerin aufgesammelt hatte. Aus Wut darüber habe ihr die Beklagte einen kräftigen Tritt versetzt, behauptete die Rentnerin. Da dies jedoch nicht zu beweisen war, wies der Richter ihre Klage ab. Der Regenwurm soll den Zwist überlebt haben."

*(Amtsgericht Düsseldorf, Urteil v. 15.1. 2002, Juristische Schulung 2002 Heft 4 S. XXVIII)*

Im zweiten Wurmfall hatte der Kläger ein Glas mit rotem Paprika gekauft, das am 24.12.1998 geöffnet und zum Verzehr bereitgestellt wurde. Der Kläger verlangt von der Beklagten ein Schmerzensgeld von 2 000 DM, weil sich in dem geöffneten Glas Würmer befanden. Dazu führte das Gericht aus:

„Der Kläger trägt vor, nach Entnahme der obersten Paprikaschote habe auf der darunter liegenden Paprikaschote ein ca. 3 cm langer weißer Wurm herausgeragt. Beim Anblick seien der Kläger, dessen Ehefrau und Tochter, die ebenfalls am Esstisch saß, von einem Ekelgefühl überfallen worden. Trotz des Ekelgefühls habe der Kläger den Inhalt weiter untersucht und wei-

tere Paprikaschoten mit Würmern besetzt gefunden. Die ganze Familie habe sich geekelt. Gegessen habe man von der Paprika und dem Wurm nichts. Das Essen an Heiligabend habe ein abruptes Ende gefunden. Die ganze Familie habe den Esstisch verlassen und mit Erbrechungserscheinungen gekämpft.

Die gesamten Weihnachtsfeiertage seien für den Kläger und dessen Familie buchstäblich verdorben gewesen. Bei den Mahlzeiten sei an Genuss nicht mehr zu denken gewesen. Das Ekel erregende Bild sei immer wieder zurückgekehrt. Die mit Würmern gespickten Paprikaschoten haben beim Kläger dazu geführt, dass er dieses Gemüse, welches er bis zu diesem Vorfall sehr gerne zu sich genommen habe, nie mehr werde essen können. Beim Anblick von Paprikaschoten bekomme er ein Ekelgefühl, unabhängig davon, ob dies in einer Gemüseabteilung, beim Einkauf von Käse, Fleisch oder Wurst sei. Der Kläger habe Paprika sehr geschätzt, und die Würmer im Paprikaglas haben ihn derart gewurmt, dass ihm ein Stück Lebensfreude verloren gegangen sei. Diese psychische Beeinträchtigung habe sich bei ihm auf sein körperliches Wohlbefinden ausgewirkt. Bei ihm seien Einschlafstörungen und Alpträume aufgetreten."

In den Entscheidungsgründen wird der erforderliche adäquate Kausalzusammenhang zwischen den Ereignissen u. a. mit folgender Begründung verneint:

„Grundsätzlich ist der bloße Anblick eines Wurms nicht geeignet, beim Betrachter ein dauerhaftes Ekelgefühl hervorzurufen, das dann hinzu noch derartige Ausmaße annimmt, die zu einer psychischen Gesundheitsstörung mit krankheitswertem Charakter und zudem noch zu Schlafstörungen führen.

Im Laufe eines Lebens trifft ein Mensch immer wieder auf Würmer, ohne dass dies zu krankhaften Erscheinungen beim Betrachter führt. Nicht nur bei der Landbevölkerung, sondern auch bei der mit der Natur nicht ganz so verbundenen Stadtbevölkerung ist der Anblick eines Regenwurms nichts Außergewöhnliches. Deshalb ist bisher auch niemand auf die Idee gekommen, den Eigentümer eines Grundstücks wegen Verletzung der Verkehrssicherungspflicht auf Schadenersatz in Anspruch zu nehmen, weil sich ein Regenwurm auf dessen Grundstück bewegt.

Das Gericht verkennt nicht, dass ein Wurm auf der Straße oder auf einem Weg keine derartige Beeinträchtigung darstellt wie zwei weiße Würmer in einem Glas mit Bio-Paprika, auch wenn diese, wie im vorliegenden Fall, nur 3 cm lang waren und ein Regenwurm 10 cm oder länger sein kann. Bei so genannten zivilisierten Menschen steht ein Wurm – anders als bei Ureinwohnern Australiens, Afrikas oder Südamerikas, Überlebenskünstlern und etwa auch Vögeln – nicht auf dem Speiseplan. Auch bei Käufern von Bio-Waren, die normalerweise kein gestörtes Verhältnis zur Natur haben, ist ein Wurm nicht das tägliche Brot. Dies auch in dem Bewusstsein, dass gerade Bio-Ware, die keiner chemischen Behandlung ausgesetzt sein sollte, eher mit Ungeziefer und Würmern befallen sein kann. Ein Wurm hat deshalb in einem Glas Paprika nichts zu suchen.

Es entspricht aber der Lebenserfahrung, dass man beim Verzehr von Obst und Gemüse kleine Würmer bisweilen vorfinden kann. So finden sich beispielsweise immer wieder Würmer in Zwetschgen und in Äpfeln. Dem Gericht ist kein Fall bekannt geworden, dass jemand, der versehentlich auf einen derartigen Wurm gebissen hat, derart von Ekel überfallen wurde, dass diese beim Betroffenen zu Beschwerden mit krankheitsähnlichem Charakter geführt hätte. Eine zwar nicht wissenschaftliche, aber doch repräsentative Umfrage bei den bekanntermaßen empfindlichsten Mitarbeiter/innen des Amtsgerichts konnte entweder nur spontane Heiterkeitsausbrüche oder aber Unverständnis über eine derartige Reaktion beim Kläger hervorrufen. Niemand konnte sich derartige Gesundheitsbeeinträchtigungen überhaupt vorstellen.

Während Würmer in Zwetschgen zumeist noch leben und zappeln, was bei empfindlichen Zeitgenossen kurzfristig Ekel hervorrufen mag, waren die Würmer in den eingelegten Paprikaschoten tot und bewegten sich nicht mehr. Die Einwirkung auf den Kläger und seine Familie war deshalb äußerst gering. Der vorliegende Fall ist auch nicht mit den so genannten Schockschäden zu vergleichen, bei denen die Beobachtung eines schweren Unfalls naher Angehöriger eine nachhaltige, die übliche Trauerreaktion übersteigende und medizinischen Krankheitswert besitzende psychische Gesundheitsstörung zufügte. In derartigen Fällen wird eine Gesundheitsverletzung angenommen. Diese Fälle sind mit dem vorliegenden aber nicht vergleichbar. Zwei tote Würmer sind schließlich etwas völlig anderes als der Tod eines nahen Angehörigen.

Somit lässt sich der Verdacht nicht völlig ausschließen, dass die vom Kläger beschriebenen Symptome mit dadurch verursacht wurden, dass der Kläger verschiedene Zeitungsartikel gelesen hat über Urteile aus dem Land der unbegrenzten (Schmerzensgeld-)Möglichkeiten. Die beiden Würmer allein waren jedenfalls nicht generell geeignet, die vom Kläger beschriebenen Gesundheitsstörungen hervorzurufen."

*(Amtsgericht Aalen/Württ., Urteil v. 16.9.1999 – Az 3 C 811/99, Juristische Schulung 2000 Heft 2 S. XL)*

## V. Der Auftritt des Zirkuselefanten als Primaballerina

Der Unterschied zwischen kleinen und großen Tieren wird deutlich, wenn man Würmer mit Zirkuselefanten vergleicht. Während Würmer scheinbar die menschliche Gesundheit nicht gefährden, können tanzende Elefanten eine Gefahr für die öffentliche Sicherheit darstellen. Das ergibt sich jedenfalls aus einem Urteil, in dem über das Auftrittsverbot eines Zirkuselefanten „als Primaballerina" u. a. in Porzellanläden zu entscheiden war. Kläger war der Zirkuselefant S selbst, weil sein Arbeitgeber insolvent geworden und S deshalb auf die entsprechenden Auftritte angewiesen war, um seine künstlerischen Neigungen auszuleben und seinen Lebensunterhalt sicherzustellen. Hinsichtlich der Primaballerina-Eigenschaft stellt das Verwaltungsgericht Meißen fest:

„Die Kammer verkennt nicht, dass es sich bei dem Kläger um einen massiv gebauten Vierbeiner mit Rüssel handelt. Sie hält ihn gleichwohl für eine Primaballerina. Art. 3 Abs. 3 Grundgesetz (GG), dessen analoge Anwendung auf Mitgeschöpfe nicht in Streit stehen dürfte (vgl. § 90a Satz 1 Bürgerliches Gesetzbuch), verbietet es, Angehörige beiderlei Geschlechts der volkstümlich als „Elefanten" bekannten Gattung von vornherein den Zugang zum Status des Primaballerina-Seins abzusprechen (vgl. auch, dem Rechtsgedanken nach, Art. 33 Abs. 2 Grundgesetz). Dementsprechend kann auch nicht entscheidend sein, dass Elefanten das Wesensmerkmal des Primaballeresken nicht ohne weiteres anhaftet.

Bei der Beurteilung der Frage, ob es sich bei einer abgrenzbaren Wesenheit um eine Ballerina handelt, verbietet sich eine schematische Betrachtung. Maßgebend sind letztlich stets die Umstände des konkreten Einzelfalls. Ein Geschöpf stellt eine Ballerina im Rechtssinne dar, wenn es den Eindruck des Tänzerisch-Anmutigen vermittelt. Dieses Kriterium hat den Vorzug eines hohen Maßes an Sachnähe, andererseits aber den damit verbundenen Nachteil einer entsprechend verminderten Berechenbarkeit. Das muss hingenommen werden (vgl. Entscheidungen des Bundesverwaltungsgerichts Band 41 S. 227 [235]).

Tänzerisch-anmutig ist ein Geschöpf, wenn es nach seiner Eignung, Befähigung und fachlichen Leistung zur Umsetzung des der Musik innewohnenden Takts in tänzerische Bewegungen in der Lage ist. Mit Rücksicht auf

Art. 5 Abs. 3 Satz 1 GG, gegebenenfalls auch Art. 12 GG, gebietet es dabei die verfassungskonforme Auslegung des Begriffs „Ballerina", bei der Subsumtion unter den Tatbestand keine künstlerischen Wertungen einfließen zu lassen. Unter Beachtung dieser Grundsätze stellt der Kläger eine Ballerina dar. Aufgrund seiner von Kindesbeinen an genossenen einschlägigen artistischen Ausbildung im Zirkus und langjährigen Manegeerfahrungen erfüllt der Kläger die gestellten Anforderungen ohne weiteres. Hiervon hat sich die *Kammer* im Ortstermin am 12.2.1999 in der Fußgängerzone der Kreisstadt M. überzeugt. Den seinerzeit getroffenen tatsächlichen Feststellungen ist der Beklagte nicht entgegengetreten.

Bei dem Kläger handelt es sich auch um eine *Prima*ballerina, denn er ist im Zuständigkeitsbereich des Beklagten, in der von ihm vertretenen Richtung des elefantös-artistischen Ausdrucktanzes in besonderer Weise befähigt."

*(Verwaltungsgericht Meißen, Urteil v. 16.2.1999 – Az 11 K 1111/99, Neue Juristische Wochenschrift 1999 Heft 7 S. XVI)*

## VI. Europäischer Tierrechtshumor

Bislang hat sich der Tierrechtshumor auf Deutschland beschränkt. Da aber die Europäische Gemeinschaft auch für Tiere im Rahmen der Landwirtschaft und Agrarpolitik zuständig ist, bleiben heitere Paragraphen- und Entscheidungsprodukte nicht aus. So heißt es in einem Vorschlag einer Verordnung des Europäischen Rates zur Einführung eines Systems zur Kennzeichnung und Registrierung von Rindern:

„Um Umsetzungen von Rindern ermitteln zu können, müssen die Tiere bei jeder Umsetzung an beiden Ohren mit Ohrmarken gekennzeichnet sein und einen Pass mitführen."

*(Amtsblatt der Europäischen Gemeinschaften Nr. C 349 v. 20.11.1996 S. 10 f.)*

Der erstaunte Leser grübelt natürlich sofort darüber nach, wie das Mitführen eines Passes bei einem Rind aussehen könnte! Gibt es dafür eine spezielle Rinderpasstasche? Oder wird der Pass in einem Kleidungsstück des Rinds mitgeführt?

Gänzlich verwirrt wird jedoch, wer aus dem Antrag des Generalanwalts bei dem Europäischen Gerichtshof folgende Passagen eines Verfahrens zur näheren Spezifizierung von Hühnerschenkeln zur Kenntnis nimmt:

„Ein Hühnerschenkel mit (einem Teil des) Rücken(s) (ohne Sterz) ... ist – was den Zeitraum vom 01. 01. 88 bis zum 01. 10. 88 betrifft – ein Viertel ohne Sterz i. S. d. Tarifposition 0207.41.71.100 des Verzeichnisses im Anhang zu VO (EWG) Nr. 3846/87 der Kommission v. 17.12.87, wenn es als Hinterviertel, bestehend aus Unterschenkel, Oberschenkel und hinterem Rückenteil angesehen werden kann. Die Feststellung, ob das streitige Erzeugnis dieser Definition entspricht, ist Sache des nationalen Gerichts.

... Gelangt das nationale Gericht zu der Ansicht, dass es sich bei einem Hühnerschenkel mit (einem Teil des) Rücken(s) (ohne Sterz) nicht um ein „Viertel" handelt, sondern um einen mit einem Stück des Rückens verbundenen „Schenkel oder Teile davon", so fällt das betreffende Erzeugnis unter die in Ziffer 1.3 genannten Tarifpositionen, wenn der Anteil dieses Rückenstücks am gesamten Erzeugnis unter Berücksichtigung der Gewohnheiten der Verbraucher und des Handels sowie in dem betreffenden Mitgliedstaat oder der betreffenden Region gebräuchlichen Methoden für das Zerlegen eines Huhns für das Erzeugnis nicht charakterbestimmend ist. ..."

*(Antrag v. 24.3.1994; EuGH, Urteil v. 5.10.1994 – Az Rs. C-151/93, Arbeit und Recht 1994 S. 267; Juristische Schulung 1994 Heft 10 S. XXIV)*

## VII. Zum Schutz quakender Frösche

Das Umsetzen von Tieren betrifft nicht nur Rinder. Gelegentlich wird auch das Umsetzen von Fröschen verlangt, die angeblich zu viel Lärm verursachen. Im Gegensatz zu Rindern sind aber Frösche besonders geschützt, weshalb das Umsetzen großen richterlichen Aufwand verursacht, wie die folgenden Auszüge aus einem Urteil zeigen:

„Im Antrag sind verschiedene, beispielhaft aufgezählte Maßnahmen wie ein Umsetzen der Frösche oder eine Verfüllung des Teichs genannt. Damit wird hinreichend deutlich, dass eine fortbestehende Besiedlung des Teichs und der näheren Umgebung ... durch Frösche der rufintensiven Art unterbunden werden soll ..."

Diesem Wunsch konnte das Gericht aber nicht stattgeben,

„weil alle in Betracht kommenden Maßnahmen gegen den Froschlärm auf dem Grundstück der Beigeladenen nach den Bestimmungen des Bundesnaturschutzgesetzes verboten sind. ... Nach den vorliegenden Kartierungen ... haben sich am Gartenteich der Beigeladenen Frösche (Laubfrosch, Grünfrosch, Grasfrosch, Erdkröte) angesiedelt, die ... wie alle europäischen Froscharten unter besonderem Schutz stehen."

„Schallschutzmaßnahmen wie etwa abschirmende Wände wären etwa zu einer spürbaren Verringerung der Lärmbelästigung ungeeignet oder würden bei ausreichender Dimensionierung offenbar mit baurechtlichen Vorschriften kollidieren."

Gleichwohl hatten die Richter Verständnis für den Beigeladenen, weil sie sich insoweit dem Gutachten eines Lärmsachverständigen anschlossen, der nach Überzeugung der ersten Instanz Folgendes festgestellt hatte:

„Bei den Messungen ... von 21.36 bis 4.24 Uhr wurden auffällige, ständig an- und abschwellende einzelne Quak- und Keckgeräusche ... und mehrere „Froschkonzerte" bis zu einer Dauer von acht Minuten registriert. ... Das Gutachten belegt, dass der Richtwert für reine Wohngebiete von 35 dB (A) nachts mit 64 dB (A) um 29 dB (A) überschritten wird."

„Die Beeinträchtigung tritt zwar nur von Ende April bis Ende September auf. ... Auch unter Berücksichtigung dieser Häufigkeit des Froschlärms ist es nicht gerechtfertigt, die Lärmbeeinträchtigungen des Klägers als noch zumutbar zu beurteilen."

*(Verwaltungsgerichtshof München, Urteil v. 8. 7. 1998 – Az 9 B 97.00468, Neue Juristische Wochenschrift 1999 S. 2914 ff. und dazu Bundesverwaltungsgericht, Urteil v. 14. 1. 1999 – Az 6 B 133/98, Neue Juristische Wochenschrift S. 2912 ff.)*

# § 11 Nachbarrechtshumor

# I. Der Wiesbadener „Glühbirnenstreit"

Es versteht sich von selbst, dass der eben zitierte Froschfall zugleich eine typische Streitigkeit zwischen Nachbarn sein kann. Das Nachbarrecht beschäftigt die Justiz immer häufiger, weshalb dem Zitat aus Friedrich Schillers Wilhelm Tell

„Es kann der Frömmste nicht in Frieden bleiben, wenn es dem bösen Nachbarn nicht gefällt"

auch starke juristische Bedeutung zukommt. Denn außer Nachbarlärm kann etwa die Lichtzufuhr vom Nachbargrundstück stören, wie der Wiesbadener „Glühbirnenstreit" zeigt.

Das Landgericht urteilte, dass es für den aus § 1004 des Bürgerlichen Gesetzbuches folgenden Unterlassungsanspruch genügt, dass der bei Dunkelheit dauerhafte Betrieb einer Außenleuchte (hier Glühbirne mit 40 Watt/matt) im Schlafzimmer des Nachbarn ein erhebliches Gefühl der Lästigkeit hervorruft. Zu diesem Ergebnis gelangte es nach einer bei Dunkelheit durchgeführten Augenscheineinnahme, die u. a. Folgendes ergeben hat:

„Nachdem nunmehr die streitgegenständliche Außenleuchte mit einer 40 Watt/matt Birne eingeschaltet worden war, zeigte sich vom Zimmer aus nach außen gesehen ein deutlich wahrnehmbarer, von rechts von der streitgegenständlichen Außenleuchte ausgehender schräger Lichteinfall auf den linken Bereich im vorderen Drittel des Zimmers. Mit diesem durch die Fenstergröße und die Höhe der Fensterbrüstung begünstigten Lichteinfall war ein Ausstrahlungs- und Kanaleffekt verbunden, der sich durch den Zimmerzuschnitt und die Position der Außenleuchte zum Zimmer ergab und sich an der linken Zimmerwand in Richtung Fenster gesehen widerspiegelte ..."

„Nach Einschätzungen der Kammer ist ein solcher Lichteinfall ohne weiteres geeignet, bei einem in Ruhelage (Schlafposition) befindlichen, durchschnittlich empfindlichen Menschen unweigerlich besondere Aufmerksamkeit und eine gewisse Blendwirkung hervorzurufen, wenn das Licht auf das Gesicht trifft. ... Der vorstehend beschriebene besondere Lichteinfall ... ist nach alledem nachvollziehbar auf einen Bettbereich des Klägers getroffen, in dem sich der Kläger mit seinem Kopf regelmäßig zum Schlafen aufgehalten hat."

„Eine ... Abwägung führt zu dem Ergebnis, dass ... insbesondere auch nicht verlangt werden kann, das streitgegenständliche Zimmer als Schlafzimmer aufzugeben oder den Zimmerrollladen soweit herunterzulassen, bis Lichtverhältnisse ... herrschen, bei denen keine oder nur eine unwesentliche Einwirkung (Beeinträchtigung) vorliegt. Das gilt gleichermaßen für Vorhänge, mit denen dieselben Lichtverhältnisse erzielt werden könnten."

*(Landgericht Wiesbaden, Urteil v. 19.12.2001 – Az 10 S 46/01, Neue Juristische Wochenschrift 2002 S. 615 ff.)*

## II. Der Pfälzer „Frustzwerge-Streit"

Dankbare Klassiker aus dem Arsenal der Nachbarrechtsjudikatur sind die Gartenzwergentscheidungen, wobei gelegentlich auch vom „Krieg der Gartenzwerge" oder neudeutsch von „Frustzwergen" die Rede ist.

*(Jürgen Machunsky, Krieg der Gartenzwerge, Unterhaltsames Nachbarrechts-Lexikon, 1990)*

Was unter „Frustzwergen" zu verstehen ist, zeigt der folgende Sachverhalt:

Die Parteien sind Eigentümer benachbarter Anwesen. Das nachbarliche Verhältnis ist seit einiger Zeit auf das Äußerste angespannt. Im Zuge eines Rechtsstreits wegen Lärmbelästigung stellte der Beklagte von ihm selbst hergestellte Tonfiguren in seinem zum Hof des Klägers gelegenen Garten auf. Im Lauf der Zeit wurden weitere Figuren u. a. auf dem Dachvorsprung, auf der Terrasse, vor und in den Fenstern aufgestellt. Diese Figuren bezeichnete der Beklagte als so genannte Frustzwerge. Denn im Unterschied zu den üblicherweise bieder und brav wirkenden allgemein bekannten Gartenzwergen handelt es sich um Zwerge, die untypische Posen und Gesten einnehmen. So zeigt ein Zwerg dem Beobachter mit herausgestreckter Zunge den erhobenen Mittelfinger (so genanntes „Fuck-you"-Zeichen), ein anderer beugt sich mit heruntergelassener Hose nach vorne und zeigt sein entblößtes Hinterteil. Ein weiterer Zwerg trägt eine Kapuze und verkörpert einen auf ein Beil gestützten Scharfrichter. Ein anderer Zwerg wurde in einem Baum im Garten des Beklagten erhängt. Da der Kläger aus Wuppertal stammt, hielten einige Zwerge Schilder mit Parolen wie: „Pfälzer in die Pfalz, Wuppertaler in die Wupper". Der Kläger verlangt sowohl die Beseitigung der vorhandenen Zwerge als auch die Unterlassung dergleichen Maßnahmen in der Zukunft. Die Klage hatte Erfolg, wie die Ausführungen des Gerichts zeigen:

„Die Gesten der beanstandeten Zwerge sind eindeutig, und es bedarf für jeden verständigen Betrachter keiner weiteren Erläuterung, dass diese Zwerge eine grobe Missachtungsäußerung gegenüber dem Kläger darstellen sollen."

„Es macht daher keinen Unterschied, ob der Beklagte sich selbst vor das Haus des Klägers gestellt hätte, um diesen beispielsweise sein bloßes Hinterteil hinzustrecken oder dem Kläger die Zunge herauszustrecken bei dem oben bereits erwähnten „Fuck-you"-Zeichen. Da dies dem Beklagten aus nahe liegenden Gründen nicht permanent möglich war, hat er sich entschlossen, die hier streitgegenständlichen Zwerge zu schaffen und diese für ihn „handeln" zu lassen."

„Im Ortstermin ... hat der Beklagte die Auffassung vertreten, es müsse ihm gestattet werden, seinen Frust gegenüber dem Kläger auf diese Weise los zu werden. Dieses Argument ist der geltenden Rechtsordnung fremd. ... Unerheblich ist auch der Vortrag ..., dass es sich bei diesen Zwergen um Kunstgegenstände handele ... ein Kunstobjekt, das ersichtlich gezielt als Mittel der Ehrverletzung eingesetzt wird, unterliegt nicht dem Schutz des Grundgesetzes, da die absolute Grenze der in Art. 1 Abs. 1 Grundgesetz garantierten Menschenwürde überschritten ist."

*(Amtsgericht Grünstadt, Urteil v. 11. 2.1994 – Az 2a C 334/93, Neue Juristische Wochenschrift 1995 S. 889 f., bestätigt durch Landgericht Frankenthal/Pfalz, Urteil v. 2.11.1994 – Az 4 S 272/94)*

# III. Der „Kartoffelwurf-Streit"

Nachbarlicher Frust kann auch durch gezielte Kartoffelwürfe auf einem auf dem Anwesen unberechtigt wendenden Pkw abgelassen werden. Das bestätigte das Amtsgericht Hadamar, das dem Beklagten insoweit ein Notwehrrecht zubilligte.

Der Beklagte ist Eigentümer eines Hofanwesens, dessen Zufahrt durch keinerlei Vorrichtung verschlossen gehalten wird. Das nutzte der Kläger aus, indem er mehrere Monate auf der Hofzufahrt seine Fahrzeuge wenden ließ. Dagegen wehrte sich der Beklagte mit dem geschilderten Kartoffelwurf, der einen Schaden am Pkw des Klägers verursachte. Das Amtsgericht begründete, weshalb dem Kläger keinerlei Schadensersatzansprüche zustehen.

„Das Hausrecht stellt als „ein Stück lokalisierter Freiheitssphäre" ein persönliches Rechtsgut besonderer Art dar."

„Soweit der Zeuge B zunächst bekundet hat, er könne sich nicht vorstellen, warum der Beklagte mit einer Kartoffel nach dem Fahrzeug geworfen habe ..., kann dieser Bekundung in ihrem Kerngehalt nicht gefolgt werden. Die auf mehrfaches Nachfragen durch das Gericht letztlich vom Zeugen B doch noch bekundete Ansicht, der Beklagte habe sie wohl verjagen wollen, zeigt, dass auch dem Zeugen B, zumindest nach gehörigem Nachdenken, ohne weiteres hätte klar sein müssen, dass der Beklagte ... zum Ausdruck bringen wollte, dass sein Hofanwesen nicht zum Wenden genutzt werden darf."

„Der vom Beklagten als Abwehrmittel gewählte Kartoffelwurf erwies sich als geeignetes Mittel, den Angriff abzuwehren. Insoweit bestand ... zwischen den Parteien und den Zeugen Übereinstimmung darin, dass seit dem Vorfallstag das Hofanwesen des Beklagten nicht mehr zum Wenden benutzt wird."

„Der Beklagte bediente sich eines Wurfgegenstands, welcher aufgrund seiner Beschaffenheit und Konsistenz keine größeren Schäden erwarten ließ. Die Zeugen saßen im Fahrzeuginneren, waren also gegen den Kartoffelwurf auch körperlich geschützt."

*(Amtsgericht Hadamar, Urteil v. 20.12.1994 – Az 3 C 420/94, Neue Juristische Wochenschrift 1995 S. 968 ff.)*

# § 12 Lebensmittelrechtshumor

# I. „Fastenbier" muss Starkbier sein

Kartoffeln mögen zwar geeignete Wurfgeschosse sein. Ihre primäre Bestimmung ist es jedoch, als Lebensmittel verwendet zu werden. Dieses Stichwort weist den Weg zum Lebensmittelrechtshumor, der gelegentlich zum Scherzartikelhumor ausarten kann.

Lebensmittel dürfen aus Gründen des Verbraucherschutzes nicht irreführend gekennzeichnet werden. Dieses Gebot missachtete ein Braumeister, der sein Bier mit dem Etikett „Fastenbier" versah und mit dem zusätzlichen Hinweis

„Flüssiges bricht Fasten nicht"

auf den Markt brachte. Dadurch wurde der Eindruck erweckt, es handele sich um Starkbier. Das so gekennzeichnete Bier hatte allerdings lediglich einen Stammwürzgehalt von 13,3 %, während Starkbier nach § 3 Abs. 2 der Bierverordnung einen Stammwürzgehalt von mindestens 16 % aufweisen muss. Die Richter des Bayerischen Obersten Landesgerichts schlossen sich den Entscheidungsgründen des Amtsgerichts an, das das Fastenbierbrauchtum in seiner Entscheidung überzeugend dargelegt hatte. Hier die Argumente des Oberlandesgerichts:

„Seine Ausführungen zu der in Bayern üblichen Tradition des Starkbierausschanks zur Fastenzeit und zu den geschichtlichen Zusammenhängen weisen ihn als kompetenten Sachkenner der Materie aus. Das Amtsgericht hat dargelegt, mit der Verwendung des Begriffs „Fastenbier" nehme die Etikettierung Bezug auf die bayerische Tradition, während der Fastenzeit Starkbier auszuschenken. Hier werde die Bezugnahme durch den unter der bildlichen Darstellung einer Kirche samt Kloster befindlichen Hinweis „Flüssiges bricht Fasten nicht" verstärkt. Dazu komme, dass dieses Bier erst ab Beginn der Fastenzeit und in der Fastenzeit ausgeschenkt und verkauft worden sei; damit sei an die alte klösterliche Übung angeknüpft worden, während der Fastenzeit, um die strenge Regel bezüglich der Speisen einhalten zu können, besonders starke Biere einzubrauen. Diese dienten den Klöstern gleichsam als Nahrungsersatz. Daraus habe sich der Satz gebildet: „Flüssig Brot bricht Fasten nicht" ... So hätten die angesprochenen Kreise den Eindruck gewinnen müssen, es handle sich um Starkbier."

*(Bayerisches Oberstes Landesgericht, Beschluss v. 26.11.1992 – Az 30b OWi 101/92, Neue Juristische Wochenschrift 1993 S. 2630 f.)*

# II. „Busengrapscher" und „Schlüpferstürmer" als Likörbezeichnung?

können im Einzelfall nicht nur irreführend, sondern auch wettbewerbswidrig sein. So verbot der Bundesgerichtshof einem Spirituosenhersteller, weiterhin einen Brombeerlikör in der Miniaturflasche zu 0,02 l als „Busengrapscher" und einen Schlehe-mit-Rum-Likör als „Schlüpferstürmer" zu vertreiben. Die 10,5 cm hohen Fläschchen waren in herausgehobener Schrift jeweils mit Abbildungen versehen, auf denen ein Mann und eine Frau bzw. eine Frau allein in sexualisierender Pose dargestellt wurden. Das Gericht hob hervor, es verstoße gegen die Menschenwürde, wenn Frauen aus kommerziellen Interessen heraus zu Lustobjekten erniedrigt würden. Es hob damit eine gegenteilige Entscheidung des Kammergerichts auf, das in den Etiketten lediglich eine „zulässige Geschmacklosigkeit" gesehen hatte und wie folgt argumentierte:

„Die textliche und bildliche Ausgestaltung in Verbindung mit dem allgemeinen Wissen von der enthemmenden Wirkung des Alkohols lasse dem Publikum die Spirituosen als solche erscheinen, die sich zum Scherz wundersamer sexueller Wirkkraft berühmten. Dass ein gewöhnlicher Likör in der winzigen Dosierung der Miniaturflasche solche Wirkung entfalten könne, komme für niemand ernstlich in Betracht. Es handele sich um ersichtlich humorvoll gemeinte Phantasievorstellungen, deren Anknüpfung an die Spirituosenartikel deren Absatz als Spaßmacher fördern solle. ... Insbesondere spreche nichts dafür, dass mit den Etiketten nach dem Verständnis des Publikums Alkohol als ein Mittel propagiert werde, um sich Frauen für sexuelle Handlungen gefügig zu machen."

„Auch die vom Kläger für seinen Standpunkt angeführte Rüge, die der Deutsche Werberat im Jahre 1990 wegen eines Tischaufstellers ausgesprochen habe, ... auf dem mit der sexuellen Darstellung für einen Likör „Scharfer Hüpfer" geworben worden sei, gebe für die

Entscheidung des vorliegenden Rechtsstreits nichts her; denn ein Tischaufsteller sei wegen seiner werblichen Ausstrahlungswirkung eigener Art nicht der hier im Streit stehenden Etikettierung von Miniaturflaschen gleichzusetzen."

Dem hielt der Bundesgerichtshof entgegen, dass diese Ausführungen mit der Lebenserfahrung nicht in Einklang zu bringen sei. Denn das Publikum werde die Propagierung als Mittel zur Überwindung sexueller Widerstände verstehen und zwar:

„durch Weckung des Gedankens an Enthemmung nicht allein der Frau, sondern auch des Mannes, um ihm den Mut zu sexuellem Vorgehen zu machen."

Ferner ziehe die allenfalls in Sexshops zulässige angegriffene Etikettierung durch Wort und Bild unmittelbar darauf ab,

„beim Kunden des Produkts ... den Eindruck hervorzurufen, dass der Genuss dieser Getränke – vor allem auch auf Seiten der Frau – geeignet sei, mögliche physische und psychische Widerstände abzubauen und die sexuellen Wünsche des Mannes so leichter erfüllbar zu machen."

„Mit der hier getroffenen Beurteilung steht im Einklang, dass das Deutsche Patentamt (Mitt. 1985 S. 215, 216) die Eintragung eines Warenzeichens „Schlüpferstürmer" ... abgelehnt hat."

(Bundesgerichtshof, Urteil v. 18.5.1995 – Az I ZR 91/ 93, Neue Juristische Wochenschrift 1995 S. 2486 ff.)

## III. Mars macht mobil bei Sex-Sport und Spiel

Der lautere Wettbewerb ist insbesondere verletzt, wenn Lebensmittelmarken von Scherzartikelfirmen verunglimpft werden. Das ist nach Ansicht der Rechtsprechung dann der Fall, wenn eine Scherzartikelfirma Kondome unter der Verwendung des Mars-Schokoriegel-Zeichens vertreibt. Denn Mars, bei dem es sich um ein eingetragenes Wort- und Warenzeichen handelt, hatte mit dem Slogan

„Mars macht mobil bei Arbeit, Sport und Spiel"

seine Schokoladenerzeugnisse populär gemacht. Demgegenüber bot die beklagte Scherzartikelfirma ein einzeln verpacktes Kondom in einer Faltschachtel nach Art eines Streichholzbriefs mit dem originalgetreuen „Mars"-Schriftzug gemäß dem Warenzeichen und den Worten „macht mobil" auf der Außenseite an. Beim Öffnen wurde auf der Innenseite die abgewandelte Fortsetzung des Slogans „bei Sex-Sport und Spiel" lesbar. Nach Ansicht des Schoko-Herstellers Mars wurde dadurch der Eindruck erweckt, als ob mit der Kondompackung von ihm ein Werbegeschenk gemacht werden solle. Deshalb klagte Mars u. a. auf Unterlassung. Das vom Revisionsgericht bestätigte Berufungsgericht befand u. a.:

„Die Verwendung des für die Schoko-Riegel des Klägers seit vielen Jahren sehr bekannten Warenzeichens „Mars" zum Zwecke des Angebots eines Präservativs unter gleichzeitiger Verfremdung eines ebenfalls zivilrechtlich geschützten Werbespruchs der Klägerin in der Weise, dass der Schoko-Riegel als Stärkungs- und Anregungsmittel für den Sex-Sport ausgewiesen werde, sei ... geeignet, das Ansehen des klagenden Wirtschaftsunternehmens ... zu beeinträchtigen, indem dieses als Förderer des Sex-Sports hingestellt werde, dem es ... offenbar nichts ausmache, dass seine vorwiegend von jüngeren Menschen verzehrten Schokoladenriegel als Stimulans für den Sex-Sport zusammen mit dem gleich beigefügten Präservativ angeboten würden."

(Bundesgerichtshof, Urteil v. 10.2.1994 – Az 1 ZR 79/ 92, Neue Juristische Wochenschrift 1994 S. 1954 ff.)

## IV. Heiße Suppe ist eine Gefahrenquelle

Während verunglimpfende Scherzartikelwerbung Unterlassungsansprüche rechtfertigt, ist manchem Zeitgenossen unklar, ob Schmerzensgeld verlangt werden kann, weil die Suppe in einer Gaststätte zu heiß serviert und gegessen wurde. Mit dieser Rechtsfrage hatte sich das Amtsgericht Hagen auseinander zu setzen, das zu folgender Lösung gelangte:

„Da die Suppe sehr heiß serviert worden ist und insoweit die Gefahr barg, zu Verletzungen im Mundbereich zu führen, stellte sie eine Gefahrenquelle dar. Verkehrssicherungspflichten bestehen aber lediglich insoweit, als diese Gefahrenquelle für den Gast nicht zu erkennen war. Jeder, der eine Suppe bestellt, weiß aber, dass er ein sog. Heißgericht serviert bekommt, welches nur mit äußerster Vorsicht zu genießen ist. Dies wurde hier zudem dadurch erkennbar, dass die Suppe noch dampfte; insoweit trug die Suppe das Gefahrensignal in sich, so dass von dem Gastwirt keine weiteren Maßnahmen zu treffen waren. Er ist nicht etwa verpflichtet, die Suppe nach dem Erhitzen zunächst einige Zeit abkühlen zu lassen und sodann erst zu servieren. Dies ergibt sich bereits daraus, dass es keine objektiven Maßstäbe dafür gibt, wie heiß eine servierfähige Suppe zu sein hat. Dies richtet sich nach dem individuellen, geschmacklich und physiologisch bedingten Eigenheiten eines jeden Gastes. So hat jeder einen anderen Maßstab dafür, wann er eine Suppe als essbar erachtet. Insoweit ist auch jeder gehalten, nach seinem individuellen Zuschnitt die erkennbar dampfende Suppe zunächst abkühlen zu lassen.

Der Gastwirt ist auch nicht verpflichtet, den Gast ausdrücklich auf die sehr heiße Suppe hinzuweisen. Angesichts der dampfenden Suppe wäre ein derartiger Hinweis überflüssig, da er die durch die dampfende Suppe bereits zum Ausdruck kommende Information nicht erweitern würde. Etwas anderes gilt für den Fall, dass das Essgeschirr bzw. -porzellan, auf dem die Nahrung serviert wird, ebenfalls erhitzt ist: Mit einer derartigen Gefahr rechnet der Gast nicht unbedingt. Insoweit ist der Gastwirt dann verpflichtet, etwa auf einen heißen Teller hinzuweisen. Dass aber eine Suppe heiß serviert wird, erwartet gerade der Gast, so dass ein entsprechender Hinweis nicht ernsthaft als Gefahrensignal verstanden werden kann. ..."

*(Amtsgericht Hagen, Urteil v. 9.9.1996 – Az 14 C 149/96, Juristische Schulung 1997 Heft 6 S. XXXII)*

## V. Bananen müssen ganz, fest und gesund sein

Derartige Temperaturprobleme gibt es bei Bananen nicht. Dafür genießt diese Frucht die besondere Fürsorge des Gemeinschaftsrechts. Denn die Gemeinschaftsorgane haben bislang über 300 Gemeinschaftsrechtsakte zum Thema „Banane" erlassen.

*(S. näher Rudolf Streinz, Europäisches Wirtschafts- und Steuerrecht, 2003, S. 1, 3 ff.)*

Worin liegt nun die Besonderheit der Banane? Der Europäische Gerichtshof hat hierzu u. a. festgestellt:

„Die Banane ist durch ihr Aussehen, ihren Geschmack, ihre weiche Beschaffenheit, das Fehlen von Kernen, eine einfache Handhabung und ein gleichbleibendes Produktionsniveau geeignet, den gleich bleibenden Bedarf einer bedeutenden, sich aus Kindern, Alten und Kranken zusammensetzenden Bevölkerungsgruppe zu befriedigen."

*(Europäischer Gerichtshof, Urteil v. 14.2.1978 – Az Rs. C- 27/76, RsprSlg 1978 S. 207, 282 f.)*

Diese herausragende Bedeutung der Banane für das Gemeinwohl bot einen guten Anlass für die Verabschiedung einer Verordnung über die gemeinsame Marktorganisation für Bananen und eine Durchführungsverordnung zur Festsetzung von Qualitätsnormen für Bananen. Danach muss die Mindestlänge 14 Zentimeter und die Mindestdicke 27 Millimeter betragen, es sei denn, es handelt sich um Bananen aus den Regionen Algarve, Azoren, Kreta, Lakonien oder Madeira, die wegen ihrer Eigenschaft als so genannte „Euro-Bananen" auch kleiner sein dürfen. Länge und Dicke werden gemessen am mittleren Finger der äußeren Reihe einer Hand und am ersten Finger der äußeren Reihe eines Clusters neben der Schnittstelle, mit der die Hand zerteilt wurde. Länge und Dicke nutzen allerdings wenig, wenn die Mindesteigenschaften fehlen. Bananen müssen ganz, fest und gesund sein.

*(Verordnung der EG-Kommission v. 16.9.1994, Amtsblatt der Europäischen Gemeinschaften Nr. L 245 v. 20.9.1994 S. 6)*

Es versteht sich, dass alle anderen Früchte nur noch für Fruchtsalat, Bananenbrei oder Bananensaft taugen. Bleibt nur die Frage: Wann ist eine Banane gesund?

# § 13 Rechtsstaatshumor

# I. Richter als Aktenmaler

Die bisher vorgestellten oft ungewöhnlichen Lebenssachverhalte beweisen, dass sich Richter bei ihrer Arbeit stark konzentrieren und jede Kleinigkeit beachten müssen, um zu einer gerechten Entscheidung zu gelangen. Ist aber die uneingeschränkte Wahrheitsfindung auch dann gewährleistet, wenn der Richter in den Akten malt, während der Verhandlung schläft oder die Beteiligten nicht ordnungsgemäß vor Gericht erscheinen? Dazu eine Geschichte aus dem Leben erzählt von Thomas Giesen:

„Mein Onkel Kurt Englaender, 1928 preußischer Assessor am Landgericht Aachen, war „Aktenmaler"; er malte gelangweilt als „Beischläfer" in einer Sitzung seiner Zivilkammer mit Bleistift „Männchen" an den Rand der Akte. Diese nahm im Verfahren ihren Weg, zuerst zum Oberlandesgericht Köln, sodann zum Reichsgericht in Leipzig. Der dortige Senatspräsident ... missbilligte die „Männchen" aufs schärfste. Wer war das, wer hat das getan? Er schrieb: „Verfügung: Wer hat die Männchen gemalt? Dienstliche Erklärung aller Richter und Bediensteten." ... Dienstliche Erklärungen der Reichsgerichtsräte, Assessoren, Referendare, der Rechtspfleger, Geschäftsstellenbeamten, Schreibkräfte, Wachtmeister: „Ich habe die Männchen nicht gemalt."

„Wer war's dann? Natürlich die untere Instanz. Die Akte ging zurück nach Köln ... alle schrieben brav: „Ich habe die Männchen nicht gemalt." Unterschrift ..."

„Auf dem Dienstweg ging die Akte zurück zum Landgericht Aachen. Dort waren ... mehr als vier Jahre verstrichen, längst waren Pensionierungen, Personalveränderungen und Versetzungen eingetreten. ... Und alle schrieben: „Ich habe die Männchen nicht gemalt", Unterschrift ... Der Landgerichtspräsident prüfte sorgsam, hakte ab. Fehlte da nicht einer? ... Ja, da war noch einer. Der frühere preußische Assessor Dr. Englaender..."

„Mein Onkel studierte die Akte, er las die Erklärungen der Spitzen der deutschen Justiz, seiner Kollegen und vieler Originale. ... Er nahm seinen Radiergummi, rieb ein wenig und schrieb: Welche Männchen?"

*(Thomas Giesen, Nochmals: Zur Unsitte der Aktenmalerei, Neue Juristische Wochenschrift 1993 S. 2592 f.)*

# II. Neues vom „schlafenden Richter"

Während ein „gelangweilter Beischläfer" die ordnungsgemäße Besetzung der Richterbank offensichtlich noch nicht tangiert, bleibt offen, wie es sich verhält, wenn ein gelangweilter Beischläfer zu einem schlafenden Richter mutiert. Dabei handelt es sich keineswegs um eine neuartige juristische Problematik, sondern um ein klassisches Dauerphänomen, weshalb an dieser Stelle allenfalls über neue Variationen vom schlafenden Richter berichtet werden kann.

*(S. zu älteren Entscheidungen Rolf Stober, Jus mit Jux, 3. Aufl. 2001, S. 97 ff.)*

Ein sachkundiger Beobachter der Schlafszene merkt dazu an:

„Hierbei zeichnet sich die deutliche Tendenz ab, dass die Revisions- und Berufungsgerichte außerordentlich einfühlsam sind, wenn es um die (peinliche) Frage geht, ob sich der Beisitzer (Schöffe oder Berufsrichter) pflichtwidrig in einen „Beischläfer" verwandelt hat. Kollegenhilfe erscheint den Obergerichten als das Gebot der Stunde. Zum einen wehren die angerufenen Rechtsmittelgerichte derartige Verfahrensangriffe mit gesteigerten Anforderungen an die Begründungspflicht ab. Der Rechtsmittelführer muss den Zeitpunkt des (angeblichen) Einschlafens, die Dauer und die Einzelheiten des Verhaltens des Richters angeben. ... Auch muss dargelegt werden, welche für die Entscheidung wichtigen Vorgänge der Richter während seines „Einnickens" nicht erfassen konnte. Vor allem zeigen die Gerichte fast grenzenloses Verständnis für die (oft langweilige) Situation eines (beisitzenden) Richters, wenn es um die Deutung einschlägiger Beweiszeichen geht."

*(Jürgen Vahle, Neues vom „schlafenden Richter",*
*Neue Wirtschafts-Briefe Nr. 49 v. 3. 12. 2001 S. 4057)*

Doch lassen wir das Bundesverwaltungsgericht selbst zu Worte kommen:

„Die Darlegungen der Beschwerde genügen den vorgenannten Anforderungen nicht. Die Beklagtenvertreterin trägt insoweit vor: „Der ehrenamtliche Richter H war unfähig, der Verhandlung zu folgen, weil er über einen längeren Zeitraum ununterbrochen die Augen geschlossen hatte und – wie durch seine Körperhaltung, nämlich Senken des Kopfs auf die Brust und ruhiges tiefes Atmen sowie „Hochschrecken" – zum Ausdruck kam, offensichtlich geschlafen hat..."

„Aus diesen mitgeteilten Beobachtungen ... lässt sich aber ... noch nicht sicher darauf schließen, dass der bezeichnete Richter tatsächlich über einen längeren Zeitraum geschlafen hat. ... Das Schließen der Augen über weite Strecken der Verhandlung und das Senken des Kopfs auf die Brust beweist allein nicht, dass der Richter schläft. Denn diese Haltung kann auch zur geistigen Entspannung oder zwecks besonderer Konzentration eingenommen werden. ... Deshalb kann erst dann davon ausgegangen werden, dass ein Richter schläft oder in anderer Weise „abwesend" ist, wenn andere Anzeichen hinzukommen, wie beispielsweise tiefes, hörbares und gleichmäßiges Atmen oder gar Schnarchen oder ruckartiges Aufrichten mit Anzeichen von fehlender Orientierung. ... Ruhiges, tiefes Atmen kann ebenfalls ein Anzeichen geistiger Entspannung oder Konzentration sein, insbesondere wenn es für andere nicht hörbar erfolgt, denn gerade dies kann darauf schließen lassen, dass der Richter den Atmungsvorgang bewusst kontrolliert und nicht schläft. Auch das „Hochschrecken" des Richters hat die Beschwerde nicht näher geschildert. ...„Hochschrecken" allein kann auch darauf schließen lassen, dass es sich lediglich um einen die geistige Aufnahme des wesentlichen Inhalts der mündlichen Verhandlung nicht beeinträchtigenden Sekundenschlaf gehandelt hat."

*(Bundesverwaltungsgericht, Beschluss v. 13.6.2001*
*– Az 5 B 105/00, Neue Juristische Wochenschrift 2001*
*S. 2898 f.)*

## III. Mit der Jogginghose vor Gericht?

Schlafende Richter kommen – wenn überhaupt – nur während einer längeren mündlichen Verhandlung vor. Am Sitzungsbeginn sind die Richter jedoch hellwach, weil sie u. a. darüber befinden müssen, ob die Prozessbeteiligten „ordnungsgemäß" erscheinen. Es ist grundsätzlich anerkannt, dass das Erscheinen in unangemessener Kleidung einen Angriff auf das Ansehen des Gerichts als Institution der sozialen Gemeinschaft darstellen kann. Will der Betreffende durch seine Kleidung bewusst aus dem Rahmen fallen oder provozieren, so macht er sich der Ungebühr ebenso schuldig, wie wenn er in besonders nachlässiger, etwa schmutziger Kleidung erscheint.

Anhand dieser Maßstäbe war zu entscheiden, ob eine Strafkammer gegen einen Zeugen ein Ordnungsgeld verhängen darf, weil er in kurzer Jogginghose und in einem kurzärmeligen T-Shirt mit dem Aufdruck „Levis Strauss, USA" erschienen ist. Das Oberlandesgericht hatte Nachsicht mit dem Zeugen und führte zur Aufhebung des Ordnungsgeldbescheids aus:

„Es ist in der Rechtsprechung anerkannt, dass nach den heutigen, liberalen Maßstäben keine übersteigerten Anforderungen an die Kleidung der Prozessbeteiligten im Gerichtssaal zu stellen sind. Saloppe Freizeitkleidung hat inzwischen in die verschiedensten Bereiche des gesellschaftlichen Lebens Einzug gehalten, auch in solche, in denen zu früheren Zeiten auf korrekte Kleidung als Ausdruck der Wahrung von Etikette und Umgangsformen besonderer Wert gelegt wurde. Die Justiz darf sich in ihrem Bemühen um Bürgernähe dem Zeitgeist und seinen textilen Modeerscheinungen nicht verschließen. Das Auftreten in salopper Freizeitkleidung, die sich im Übrigen in ordentlichem Zustand befindet, ist nicht zu beanstanden ...

Der Beschwerdeführer wurde an einem besonders heißen Tag zur Mittagsstunde vernommen. Seine Bekleidung hatte er den hohen Temperaturen dieses Tags angepasst. Weder aus dem angefochtenen Beschluss noch aus sonstigen Umständen ergibt sich, dass der Zeuge bewusst provozieren oder aus dem Rahmen fallen wollte. Auch liegen keine Hinweise auf besondere Nachlässigkeit vor. Dass das T-Shirt mit einem Herstelleraufdruck versehen war, entspricht einer Modeerscheinung. Es ist weder dargetan oder ersichtlich, dass die Freizeitkleidung des Zeugen, der nach seinen unwiderlegten Angaben unmittelbar von der Arbeit kam, verschmutzt oder in sonstiger Weise anstößig gewesen wäre.

Im Übrigen teilt der Senat das Bestreben der Strafkammer, Prozessbeteiligte zu einem auch hinsichtlich ihrer Kleidung angemessenen Erscheinen in Gerichtsverhandlungen anzuhalten. Dazu reichen jedoch in aller Regel mündliche Hinweise oder sanktionsfreie Ermahnungen aus."

*(Oberlandesgericht Koblenz, Beschluss v. 12.10.1994 – Az 1 Ws 672/94, Juristische Schulung 1995 Heft 1 S. XXIX)*

# IV. Der Pfälzer Menschenschlag in der Beweiswürdigung

Zeugen sollen nicht nur ordnungsgemäß vor Gericht erscheinen, sondern auch glaubwürdig sein. Insofern scheint es in Deutschland Landstriche zu geben, in denen auf Zeugen wenig Verlass ist. Diese regional-pauschale Differenzierung, wenn nicht sogar Diskriminierung, liegt einem Urteil des Landesgerichts Mannheim zugrunde, das bemerkenswerte Ausführungen zum Charakter des pfälzischen Menschenschlages machte:

„Dies sind jedoch nicht die einzigen Bedenken, die man gegen den Zeugen V. haben muss. Er gab sich zwar betont zurückhaltend, schien bei jeder Frage seine Antwort sorgfältig zu überlegen und vermied es geradezu betont, Belastungstendenzen gegen den Angeklagten hervortreten zu lassen, indem er in nebensächlichen Einzelheiten Konzilianz, ja geradezu Elastizität demonstrierte, im entscheidenden Punkt, der – für ihn vorteilhaften – angeblich mündlichen Genehmigung des beantragten Urlaubs aber blieb er stur wie ein Panzer. Man darf sich hier aber nicht täuschen lassen. Es handelt sich hier um eine Erscheinung, die speziell für den vorderpfälzischen Raum typisch und häufig ist, allerdings bedarf es spezieller landes- und volkskundlicher Erfahrung, um das zu erkennen – Stammesfremde vermögen das zumeist nur, wenn sie seit längerem in unserer Region heimisch sind. Es sind Menschen von, wie man meinen könnte, heiterer Gemütsart und jovialen Umgangsformen, dabei jedoch mit einer geradezu extremen Antriebsarmut, deren chronischer Unfleiß sich naturgemäß erschwerend auf ihr berufliches Fortkommen auswirkt. Da sie jedoch auf ein gewisses träges Wohlleben nicht verzichten können – sie müssten ja dann hart arbeiten –, versuchen sie sich „durchzuwursteln" und bei jeder Gelegenheit durch irgendwelche Tricks Pekuniäres für sich herauszuschlagen. Wehe jedoch, wenn man ihnen dann etwas streitig machen will! Dann tun sie alles, um das einmal Erlangte nicht wieder herausgeben zu müssen, und scheuen auch nicht davor zurück, notfalls jemanden „in die Pfanne zu hauen", und dies mit dem freundlichsten Gesicht. Es spricht einiges dafür, dass auch der Zeuge V. mit dieser Lebenseinstellung bisher „über die Runden gekommen ist". Mit Sicherheit hat er nur zeitweise richtig gearbeitet. Angeblich will er nach dem Hinauswurf durch den Angeklagten weitere Arbeitsstellen innegehabt haben, war jedoch auf Nachfrage nicht in der Lage, auch nur eine zu nennen! Und wenn man sieht, dass der Zeuge schon jetzt, im Alter von noch nicht einmal 50 Jahren, ernsthaft seine Frühberentung ansteuert, dann bestätigt dies nur den gehabten Eindruck. Dass er auch den Angeklagten angelogen hat, als er ihm weiszumachen versuchte, er brauchte den begehrten Urlaub, weil seine Erbtante aus Amerika komme, bedarf keiner näheren Erörterung – auf nähere Nachfrage konnte er nicht einmal angeben, wo diese angebliche Tante in Amerika wohnt.

Auf einen solchen Zeugen, noch dazu als einzigem Beweismittel, kann verständlicherweise eine Verurteilung nicht aufgebaut werden."

(Landgericht Mannheim, Urteil v. 23.1.1997 – Az 4 Ns 48/96, Arbeit und Recht 1997 S. 457; Juristische Schulung 1998 Heft 2 S. XXXV)

# § 14 Reimrechtshumor

# I. Im Gesetz ist nirgendwo verleimt, dass Urteilssprüche seien ungereimt

Absoluter Höhepunkt heiterer Paragraphen-reiterei ist der juristische Humor in Reimform. Hier zeigen wahre Könner des Fachs, wie souverän sie mit der Sache und der Sprache umgehen können. Rechtsreime sind keine neue Erfindung. Bereits im Jahre 1925 erschien ein von dem Mannheimer Professor Anton Erdel verfasster, gereimter Grundriss des Bürgerlichen Gesetzbuchs. Das Werk sollte zum einen die Abneigung überwinden helfen, die die notwendige Aneignung genügender Kenntnisse dieses Gesetzbuchs zu verhindern pflegt. Zum anderen sollte es angehenden Juristen als erste Einführung oder letzte Wiederholung dienen. Diese Zielsetzung liegt auch einer neuen Version von Jörg-Michael Günther zugrunde:

*(BGB in Reimen, Richter als Dichter und Advokaten als Literaten, 1994)*

In dieser volksnahen Darstellungsweise liest sich das in §§ 611a, 611b Bürgerliches Gesetzbuch niedergelegte arbeitsrechtliche Benachteiligungsverbot so:

„Die Gleichbehandlung im Geschlecht wird vom Gesetz verlangt.
Sie gilt deshalb im Arbeitsrecht was Mann und Frau belangt.
Schon Ausschreibung ist nicht legal,
wenn Stelle nicht geschlechtsneutral.
Doch bei der Amme gilt das nicht,
weil Mannes Brust kaum Milch verspricht."

Teilweise wird aber auch angenommen, Juristen flüchteten in das literarische Stilmittel Dichtung, um amtlichen Frust im Paragraphenwust in richterliche Dichterlust zu verwandeln. Wie dem auch sei. Richter werden jedenfalls immer öfter Dichter. Und diese Urteile sind auch rechtmäßig, weil der Gesetzgeber nur an den Inhalt und nicht an die Sprachform bestimmte Anforderungen stellt.

*(Werner Beaumont, Neue Juristische Wochenschrift 1989 S. 372)*

# II. Wer Bier trinkt und Wein, dem wird genommen der Führerschein

Hier die Stellungnahme des Amtsgerichts Höxter zu einer fahrlässigen Trunkenheitsfahrt:

„Aus den Gründen:

Am 3.3.95 fuhr mit lockerem Sinn
der Angeklagte in Beverungen dahin.
Daheim hat er getrunken, vor allem das Bier
und meinte, er könne noch fahren hier.
Doch dann wurde er zur Seite gewunken.
Man stellte fest, er hatte getrunken.
Im Auto tat's duften wie in der Destille.
Die Blutprobe ergab 1,11 Promille.
Das ist eine fahrlässige Trunkenheitsfahrt,
eine Straftat, und mag das auch klingen hart.
Es steht im Gesetz, da hilft kein Dreh,
§ 316 I und II StGB.
So ist es zum Strafbefehl gekommen.

Auf diesen wird Bezug genommen.
Der Angeklagte sagt, den Richter zu rühren:
„Das wird mir in Zukunft nicht wieder
passieren!"
Jedoch es muss eine Geldstrafe her,
weil der Angeklagte gesündigt, nicht schwer.
30 Tagessätze müssen es sein
zu 30 DM. Und wer Bier trinkt und Wein,
dem wird genommen der Führerschein.
Die Fahrerlaubnis wird ihm entzogen,
auch wenn man menschlich ihm ist gewogen.
Darf er bald fahren? Nein, mitnichten.
Darauf darf er längere Zeit verzichten.
5 Monate Sperre, ohne Ach und Weh,
§§ 69, 69a StGB.
Und schließlich muss er, da hilft kein Klagen,
die ganzen Verfahrenskosten tragen,
weil er verurteilt, das ist eben so,
§ 465 StPO."

*(Amtsgericht Höxter, Urteil v. 21.6.1995 – Az 8 Cs 47 Js
655/95 (96/95), Neue Juristische Wochenschrift 1996
S. 1162)*

Dieses Urteil leuchtet sofort ein.
Um sich zu sparen weitere Pein,
willigt auch der Anwalt ein
und schöpfte dazu diesen Reim:
„Der Mandant, einerseits zufrieden,
andererseits ein wenig beklommen,
hat den Urteilsspruch vernommen.
Mit Blick auf die Sach- und Rechtslagen, die
allseits bekannten,
und nach Rücksprache mit dem Mandanten
tu ich hiermit kund
für alle in der Rund'
für Staatsanwaltschaft und Gericht:
Rechtsmittel einlegen – tun wir nicht."

*(Rechtsanwalt Holle, Neue Juristische Wochenschrift
1996 S. 1163)*

## III. Viel Tritte und viel Weh am frischpolierten Pkw

Bei der Entscheidung des Amtsgerichts Northeim geht es um Beulen an einem Pkw, die bei dem Einfangen einer herrenlosen Kuh entstanden waren. Der Kläger beruft sich auf einen Schadensersatzanspruch aus Geschäftsführung ohne Auftrag gegen den Eigentümer der Kuh. Das Gericht wies die Klage des Kuheinfängers mit folgenden Versen ab:

„Aus den Gründen:

Wie man es auch dreht und windet,
die Klage, sie ist nicht begründet.

Zwar hat der Kläger, wie man sieht,
sich redlich um die Kuh bemüht.
Nun ist jedoch in dem Geschehen
nicht zu erkennen und zu sehen,
was der Jurist Geschäfte nennt,
die ohne Auftrag man auch kennt,
wenn sie geführt von fremder Hand,
Gefahr zu bannen, die bekannt
(§§ 677, 680 BGB).

Der Tatbestand lässt deutlich werden,
man macht sich selber oft Beschwerden.

Eine Kuh am Wegesrand,
wiederkäuend sich vergnügend,
sonntäglichen Frieden liebend,
wird vom Kläger hier verkannt.

Wo ist die Gefahr ersichtlich,
die der Kläger hier gerichtlich
festzustellen sich bemüht?
Ach, es ist ein altes Lied!

Die Polizei war informiert,
nur kurzfristig nicht orientiert,
sie hätte aber unumwunden
die Kuh am Wegesrand gefunden,
und Rat gewusst, wie man das Tier
befrieden kann im Felde hier.

Warum nun Pkw und Kette,
warum des Schiebens große Müh?
Dabei gibt es doch ganz nette
Transportgeräte für das Vieh.

Die Kuh, vielleicht mit Namen Liese,
träumt noch von jener Wiese,
wo sie der Kläger aufgespürt,
nun fremdem Hofe zugeführt.

„So geht mein Herr nicht mit mir um"
macht deutlich sie dem Publikum,
das nun auf Landwirts K'ses Hofe
versammelt ist mit Knecht und Zofe.

Sie ist verschreckt, geschockt, verstört
und reagiert, sie ist empört.
Nur deshalb regt sich Kopf und Klaue,
die Kuh hat Angst, dass man sie haue.
Denn alles, was bisher gescheh'n,
es war nicht gut, es war nicht schön.

Wer kennt die Psyche einer Kuh,
wenn sie aus sonntäglicher Ruh'
auf einen fremden Hof gebracht,
ja, wer kennt da des Rindviehs Macht.
Sie spürte, wie die fremden Stimmen
in ihr Kuhgemüt eindringen,
sie fürchtete nur um ihr Leben,
dies muss man doch der Kuh vergeben!

Deshalb die Tritte und das Weh
am frisch polierten PeKaWe.
Der Kläger hätte nichts verbockt,
hätt' er die Kuh dort angepflockt,

am Wegesrand, am Wiesenrain,
des Nachmittags im Sonnenschein.

Sein Pkw in altem Glanz
wär nicht verbeult, er wäre ganz.

Der Kläger hat, wie's oft passiert,
ein wenig überreagiert.

Er hat es sicher gut bedacht,
als er die Kuh ins Dorf gebracht.
Doch tat ihm dieses gar nichts nützen,
er bleibt jetzt auf dem Schaden sitzen
und muss, das bleibt auch ohne Fragen,
für diesen Fall die Kosten tragen
(§ 91 ZPO).

Der Kosten wegen, wie sich's frommt,
vorläufig die Vollstreckung kommt,
wenn der Beklagte seine Kosten
zusammenstellt als offne Posten.
Auch wenn's den Kläger nicht ergötzt,
geschrieben steht dies im Gesetz
(§ 708 Nr. 11 ZPO)."

*(Amtsgericht Northeim, Urteil v. 2.10.1995 – Az 3 C 420/ 95, Neue Juristische Wochenschrift 1996 S. 1144 f.)*

## IV. Auch in Klausuren und Hausarbeiten lässt sich's trefflich reimen

Die Reimform scheint sich auch für juristische Klausuren und Hausarbeiten zu eignen, wie die nachfolgenden Belege zeigen:

## Hannibal der Radfahrer und das BGB

„Hannibal, der es eilig hat,
fährt durch die Straßen einer Stadt,
beachtet nicht des Weg's genau
und fährt so gegen eine Frau,
die in dem Zustand sich befindet,
der Hoffnung auf ein Kind begründet.
Jedoch der Anprall und der Schreck
nimmt ihr die Kindeshoffnung weg.
Dass einem jeden Recht gescheh,
verordnet so das BGB.
Der schuldig ist in Schadensfällen
hat jenen Zustand wieder herzustellen,
der alsdann würde noch bestehn,
falls was geschehn, nicht geschehn.
Das ist ganz recht, das ist ganz klar,
man stellt das her, was vorher war.
Hat nun, so lautet meine Frage,
der Hannibal im Fall der Klage,
die auf Ersatz des Schadens geht,
genau wie's im Gesetzbuch steht,
den alten Zustand wieder herzustellen?"

## Der Taucher – Ein Rechtsfall frei nach Friedrich Schiller

Sachverhalt:

„Wer wagt es, Rittersmann oder Knapp,
Zu tauchen in diesen Schlund?
Einen goldenen Becher werf ich hinab,
Verschlungen schon hat ihn der schwarze Mund.
Wer mir den Becher kann wieder zeigen,
Dem geb' ich ihn morgen beim Fest zu eigen."

Der König (K) spricht es und wirft von der Höh'
Der Klippe, die schroff und steil
Hinaus hängt in die unendliche See,
Den Becher in der *Charybde* Geheul.
„Wer ist der Beherzte, ich frage wieder,
zu tauchen in diese Tiefe nieder?"

Und die Ritter und Knappen um ihn her
Vernehmen und schweigen still,
Sehen hinab in das wilde Meer,
Und keiner den Becher gewinnen will.
Und der König zum dritten Mal wieder fraget
„Ist keiner, der sich hinunterwaget?"

Da tritt ein mutiger Jüngling (J) her,
Wohl siebzehn Jahre jung,
Der blickt hinab in das wilde Meer
Und fasst sich ein Herz und wagt den Sprung.
Er taucht hinab in der Brandung Getöse
und holt den Becher aus finsterem Schoße.

Und wie er emporhebt das blitzende Gold,
Da reut es den König sehr;
Was er noch eben so sicher gewollt,
Das will er nun alles gar nicht mehr.

Doch wie soll er's jetzt noch wenden und drehen
Von seinem Königswort abzugehen?

Entschlossen greift er zum Telefon
Und schaltet den Vater ein:
„Grüß Gott, Herr Maier, wie steht's, darf Ihr Sohn
Für mich mal kurz in die Brandung rein?
„Beim Himmel", ruft der, „das soll nicht geschehn
Der Bengel soll sich nicht unterstehn!"

Da legt der König den Hörer hin
Und zeigt jetzt sein wahres Gesicht:
Mein Junge, ich hatte nur Gutes im Sinn
Dein Vater aber, er leidet es nicht.
Ich glaube Du warst umsonst im Meer
Gib mir den Becher wieder her!"

Da packt den Jüngling die blanke Wut
Bei solch einer Niedertracht,
Den Becher wirft er erneut in die Flut,
Hinunter in den dunklen Schacht,
Und ruft: „Soll er nicht mir gehören,
Dann will ich ihn lieber ganz zerstören!"

Der König steht erst starr und stumm,
Dann fährt er empor entsetzt:
„Der Becher, der war mein Eigentum
Und Du hast es schuldhaft mir verletzt.
Mein herrlicher Becher, weh o weh,
der wird ersetzt nach BGB!"

Der Jüngling, mutig und kampferprobt,
Der hat sich gefasst im Nu:
„Den Becher hast Du doch ausgelobt,
Mir steht ein Anspruch darauf zu.
Nimmst Du den Verlust nicht still in Kauf
So rechne ich einfach gegen Dich auf!"

Wie ist die Rechtslage nach dem BGB wirklich?

*(Johann Braun, Juristische Schulung 1994 S. 221)*

Gutachten:

„Wie ist des Rechtes Lage",
Heißt die bekannte Frage.

Doch nicht die Ansprüche und Klagen
Prüfen wir an erster Stelle;
Nein, ist BGB des Rechtes Quelle,
Danach ist zuerst zu fragen.

Manches spricht dafür,
Doch allein dies reicht noch nicht;
Genau zu hinterfragen,
Ist des Juristen Pflicht.

Seltsam ist, dass die Personen
Soll'n in deutschen Landen wohnen,
Denn nur hier gilt deutsches Recht,
Doch bitte, wo sind König, Knappe, Knecht?

Sind Sie denn nicht verwundert?
Doch schon fast ein Jahrhundert
Lebt Deutschland ohne Majestät!
Für die Kaiserzeit kommt dieser Fall zu spät.

Ohne zu verdrießen,
Muss man daraus schließen:
Dies ist anderswo geschehen.
Wo – ist freilich noch zu sehn.

Zu den genauen Örtlichkeiten
Gibt der Sachverhalt nur wenig her;
Immerhin: Er spielt am Meer,
Das beschränkt die Möglichkeiten.

Hierzu einz'gen Anhaltspunkt
Gibt das Tier, in dessen Schlund
Des Königs Becher tief versank
Und der Knabe drauf ertrank.

Nun, wir wissen immerhin:
*Charybde* ist der *Skylla* Nachbarin.
Doch wo die beiden ihren Wohnsitz gründen,
Ist im Folgenden herauszufinden.

Schenken Glauben wir Homer,
Liegt er wohl am Mittelmeer.
Denn dort irrte Held *Ulyss* umher.
Als, sein Gemüt und Herz Heimweh schwer,
Er, vor List und Muskeln strotzend
Und den Gefahren standhaft trotzend,
Auf *Skylla* und *Charybde* traf.

Konkreter wird er leider nicht;
Zu erklären ist dies nicht
Und einfach so:
Wär ihm bekannt gewesen, wo

*Ulyss* sich g'rad befand.
Hätt' die Suche nach dem Heimatland,
Vom Freund der *Odyssee* betrauert,
Nicht einmal ein Jahr gedauert.

Um nun weiter zu ergründen,
Welches Recht soll Geltung finden,
Fehlt uns Angabe von Tag und Jahr,
Also *wann* der Fall geschehen war.

Braun und Schiller schweigen;
So bemüh'n wir and're Zeugen.

*Herder* schrieb an *Schiller* zur Ballade,
Der Taucher müsse *Nicolaus Pesce* sein,
Ein Taucher, der an Messinas Gestade,
Einst sprang in die Fluten hinein.

Bei *Kircher* (war er schlauer?)
Erfahren wir's genauer.

Der Staufer *Friedrich der Zweite,*
Der nicht List noch Skrupel scheute,
Warf den Becher tief hinab,
In des *Nicolaus* späteres Grab,
Damit dieser auch hinunterspringe
Und dort in Erfahrung bringe,
Wer oder was *Charybde* sei.

Nun ist also klar,
Wo und wann's geschehen war.
Zur Zeit des Staufers *Friedrich,*
Der in Sizilien war König.

Dort erließ er selbst Assisen,
Mit noch weiteren Beschlüssen,
Unter die wir, bleibt zu konstatieren,
Folglich subsumieren.

Drum werfen wir nun einen Blick
Auf den gestellten Fall zurück.

Befassen wir uns erst mit Friedrich,
Denn Vortritt gebührt dem König.

Drum wird nun Strophe sechs behandelt,
in der der König, sein Wort reuend
Und auch Amtsmissbrauch nicht scheuend,
Dem Ehrgefühl zuwiderhandelt.

Denn in Zwiespalt zwischen Pflicht und Geiz
Erliegt er üblem zweiten Reiz
Und stürzt zum Telefon,
Als sei's Athen, und wo er steht, Marathon.
„Herr Maier", spricht er und stellt dar,
Was zuvor geschehen war.

Doch hat – scheint ihnen dies nicht ganz
und gar
Und völlig seltsam sonderbar?

Er spricht durchs Telefon,
Doch – gab's das schon?

Soweit es uns bekannt,
Wurd' es in uns'rem Land
1861 erstmals vorgestellt
Und hielt dann Einzug in die Welt.

Sie mögen vielleicht stutzen,
Doch zeigt dies völlig klar,
*Friedrich* pflegte zu benutzen,
Was noch nicht erfunden war.

Das jedoch schlägt schlicht
Der Logik ins Gesicht,
Und wir bestreiten drum mit Vehemenz
Des Telefons anachronistische Existenz."

*(Lösung von Susanne Hanke, Juristische Schulung 1994 Heft 10 S. XXV)*